CHEVALIERS LIMOUSINS

A LA

PREMIÈRE CROISADE

(1096-1102)

PAR L'ABBÉ ARBELLOT

CHANOINE DE LIMOGES

PRÉSIDENT DE LA SOCIÉTÉ ARCHÉOLOGIQUE ET HISTORIQUE
DU LIMOUSIN

PARIS
LIBRAIRIE RENÉ HATON
Rue Bonaparte, 35

1891

LES
CHEVALIERS LIMOUSINS
A LA PREMIÈRE CROISADE

LES
CHEVALIERS LIMOUSINS
A LA
PREMIÈRE CROISADE
(1096-1102)

PAR L'ABBÉ ARBELLOT
CHANOINE DE LIMOGES
PRÉSIDENT DE LA SOCIÉTÉ ARCHÉOLOGIQUE ET HISTORIQUE
DU LIMOUSIN

PARIS
LIBRAIRIE RENÉ HATON
Rue Bonaparte, 35

1881

CHEVALIERS LIMOUSINS

A LA PREMIÈRE CROISADE

(1096-1102)

§ Ier. — Prédication de la Croisade.

Vers la fin de l'année 1095, le pape Urbain II, après avoir prêché la première croisade à Clermont, vint la prêcher à Limoges. Nous avons trouvé à la Bibliothèque nationale, dans un manuscrit du xie siècle, une relation de ce fait historique : c'est un document contemporain et un procès-verbal authentique de cet événement. Le P. Labbe a eu le tort de l'insérer au milieu de la Chronique de Geoffroy de Vigeois, qui ne date que de la seconde moitié du xiie siècle. Voici la traduction de ce document :

« L'an de l'Incarnation de Notre-Seigneur Jésus-Christ mil quatre-vingt-quinze, Indiction IIIe, du temps de Philippe, roi des Francs; de Guillaume, duc des Aquitains; d'Humbaud, évêque de Limoges, et du seigneur Adémar, abbé du monastère de Saint-Martial, il se tint, dans cette cité de Limoges, une très grande assemblée de divers ordres, de tout sexe et de tout âge.

» A cette noble et souveraine assemblée présida le seigneur Urbain, pape de la sainte Église romaine, avec les archevêques, les évêques et les abbés qui l'accompagnaient : ce pape était venu en ce temps-là des parties de l'Italie pour divers avantages de l'Église de Dieu, pour le maintien de la vraie foi et les affaires importantes de la religion chrétienne.

» Toutefois la principale cause de sa venue c'était que, dans les pays d'Orient, l'Eglise du Christ et le peuple chrétien, opprimés et très tourmentés par la perfide nation des Sarrasins, étaient en proie à une grave persécution. C'est pourquoi le vénérable Pontife vint en personne dans les Gaules, pour exciter la nation vaillante et belliqueuse des Francs à défendre la liberté de la sainte Eglise de Dieu, à affranchir le peuple chrétien du joug d'une nation impie, et, pour l'amour de la charité et pour la rémission de leurs péchés, à diriger vers l'Orient une armée très nombreuse, afin de chasser une nation infâme de l'héritage du Christ.

» Donc, comme il parcourait les Gaules dans ce but, il vint dans cette cité de Limoges au mois de décembre, le x des calendes de janvier (*23 décembre*). Il était accompagné d'un très grand nombre d'hommes éminents et vénérables, d'archevêques et d'évêques, dont voici les noms : le seigneur Hugues, archevêque de Lyon; le seigneur Audebert, archevêque de Bourges; le seigneur Amat, archevêque de Bordeaux; le seigneur Dagbert, archevêque de Pise; le seigneur Ranger, archevêque de Reggio (1); Bruno, évêque de Segni ; Pierre, évêque de Poitiers; Ranulphe, évêque de Saintes ; Raynaud, évêque de Périgueux; Raymond, évêque de Rodez ; Humbaud, évêque de Limoges.

» Tous ces prélats célébrèrent avec le Souverain-Pontife la fête de la Nativité du Christ Notre-Seigneur ; et, le même jour de Noël, de grand matin, le Pape se rendit, avec tous ces prélats, à la basilique de Saint-Martial, où il chanta la messe de *l'Aurore* sur l'autel du Saint-Sauveur ; et, après avoir fait un sermon au peuple, il retourna, couronné de la tiare, à la cathédrale de Saint-Etienne.

» Le sixième jour après la Noël, qui était un dimanche (*30 décembre*), il revint au monastère de Saint-Martial, où il demeura huit jours avec les susdits archevêques et évêques; et, la veille des calendes de janvier (*31 décembre*), il fit solennellement, avec son autorité apostolique, la dédicace de la basilique royale, que l'empereur Louis, de pieuse mémoire, fils de l'empereur Charlemagne, avait construite depuis les fondements, mais qui, dans la suite, ruinée par un violent incendie et par des accidents divers, avait été entièrement réparée et embellie,

---

(1) *Archiepisc. Risensis.* — Labbe a lu : *Pisensis* (T. II, p. 294).

tant à l'intérieur qu'à l'extérieur, par le seigneur Adémar, alors abbé de ce monastère.

» Le Saint-Père bénissait l'eau, et les archevêques en faisaient l'aspersion aux murs de la basilique, au dedans et au dehors.

» Ensuite le seigneur Pape, de ses propres mains, lava avec de l'eau bénite l'autel du Saint-Sauveur, l'oignit du saint-chrême et de l'huile sainte, y plaça les reliques des saints, et, aussitôt après, chanta la messe sur ce même autel, en présence d'une multitude innombrable de peuple ; et il ordonna qu'on célébrât à perpétuité ce jour solennel de la dédicace de l'église de Saint-Martial (1). »

Geoffroy de Vigeois, dans sa Chronique, ajoute que le Pape, après la cérémonie de la dédicace de Saint-Martial, sortit en plein air pour bénir les peuples, dont la multitude était si grande que, tout autour de la ville, à une distance de mille pas (*1500 mètres*), on ne voyait que des têtes d'hommes. Les offrandes furent si abondantes que le tronc placé près du sépulcre de l'apôtre, et qu'on appelait en langue vulgaire *le Gauleau* (2), en regorgeait, et que les autres troncs de la basilique furent également remplis (3).

Le même Geoffroy de Vigeois dit encore que le Pape était venu d'Auvergne à Limoges en passant par Uzerche, où il se trouva le jour de la fête de saint Thomas (*21 décembre*) ; que, le jour de Noël, il célébra la messe de minuit (*de galli cantu*) dans l'église des religieuses qu'on appelle *de la Règle* ; et qu'un autre jour, le lendemain des Saints-Innocents (*29 décembre*), il consacra l'église cathédrale en l'honneur du premier martyr saint Étienne ; le lendemain dimanche, il se reposa, et, le lundi (*31*), il consacra la basilique de Saint-Martial (4).

Le bienheureux Geoffroy du Chalard, dans l'un des deux fragments historiques, écrits de sa main, que son biographe nous a conservés, et qu'il a insérés dans sa Vie, dit qu'il avait assisté à la consécration de ces deux églises. Citons ce témoignage important, relatif à la prédication de la première croisade en

---

(1) *Bibliothèque nationale*, fonds latin, ms. 3784, fol. 132 (xie siècle). — Pièces justificatives, n° 1.

(2) Nous ignorons la signification et l'étymologie de ce mot.

(3) Apud LABBE, *Biblioth. nova mss. libr.*, T. II, p. 294.

(4) Apud LABBE, *ibid.*, p. 293.

Limousin : « Le pape Urbain, homme vénérable, parcourant le pays des Gaules, du temps que le roi Philippe commandait à la nation des Francs, célébra à Clermont un grand concile, où, entre autres choses, il donna cet avertissement spécial : « Que
» l'Eglise du Christ, à Jérusalem, à Antioche, et dans les autres
» villes d'Asie, avait besoin d'être défendue et soutenue par les
» fidèles ; que partout, dans ces contrées, l'Eglise était non-
» seulement opprimée d'une manière atroce par les ennemis du
» nom chrétien, mais qu'elle y était complètement détruite, et
» que le nom du Christ y était couvert d'un grand opprobre ».
Dans le cours de cette prédication, il vint à Limoges, et il y dédia, par une pieuse consécration, l'église du premier martyr du Christ, et aussi le monastère de l'apôtre du Christ, c'est-à-dire de saint Martial. Par la faveur divine, nous avons vu de nos yeux (ces cérémonies) et nous avons assisté à ces consécrations avec la foule des autres fidèles. Après ces dédicaces, le Pape exhortait avec éloquence les peuples qui étaient là présents à faire le voyage de Jérusalem. Grâces vous soient rendues, ô Christ ! car, fécondée par votre grâce, la semence jetée dans les cœurs produisait une moisson abondante, non-seulement dans nos contrées, mais encore dans tout l'univers ; et l'on vit aussitôt accourir, de toutes les parties du monde, des comtes, des prélats, des gens du peuple, et des rois en dernier lieu : car Dieu ne fait point acception de personnes (1). »

Ainsi le cri *Dieu le veut ! Dieu le veut !* qui, après le discours du Pape, avait retenti avec enthousiasme au concile de Clermont, fut répété avec le même enthousiasme à Limoges par l'assemblée des chevaliers et la multitude du peuple.

Nous trouvons dans la Vie du bienheureux Geoffroy, écrite au XII° siècle, quelques autres détails intéressants sur le passage à Limoges du pape Urbain II :

« Le pape Urbain, pieux et éloquent, exhortant tous les peuples, par ses prédications très pressantes, à se mettre en marche avec une grande dévotion pour aller délivrer le sépulcre du Seigneur, leur disait entre autres choses qui s'accordaient à son dessein :

---

(1) *Vita B. Gaufridi* : Mémoires de la Société des Sciences Naturelles et Archéologiques de la Creuse, 1862, T. III, p. 21. — Pièces justificatives, n° 2.

« Nous ordonnons aux religieux, par notre autorité aposto-
» lique, qu'ils se fassent eux-mêmes les conducteurs de l'armée
» imitant en cela Moïse et Josué, qui dirigeaient très fidèlement
» le peuple d'Israël à travers beaucoup de dangers. C'est un acte
» très pieux de religion de délivrer la sainte cité de Jérusalem et
» le sépulcre du Seigneur de la souillure des païens, et de le
» rendre aux fidèles qui font profession de la foi chrétienne. Il y
» a là une voie certaine de salut pour un grand nombre qui,
» étant dans les liens de divers péchés et paraissant étrangers à
» tout bien, peuvent parvenir avec la palme du martyre au
» royaume des cieux. Celui-là même qui ne parviendra pas à
» la gloire du martyre ne perdra pas pour cela le prix de son
» labeur; car le Seigneur ne manquera pas de récompenser lar-
» gement ceux qui combattront pour lui. Il sait ce qu'il doit à
» l'homme courageux; il a de quoi donner ce qui convient au
» plus fort; et néanmoins il accordera une très grande récom-
» pense aux faibles qui combattront dans la mesure de leurs
» forces. »

» Un très grand nombre d'hommes religieux, obéissant à ces
exhortations du Prélat apostolique, se disposèrent à partir et
prirent la croix, ayant un grand désir de voir ces lieux d'outre-
mer où habita le Dieu fait homme.

» Parmi eux se trouvait le bienheureux Geoffroy, insigne
ornement de la religion, qui fit avec ardeur un pareil vœu,
brûlant du désir d'aller avec les croisés à la cité sainte. Ce que
voyant Gouffier, excellent chevalier, surnommé de Lastours,
qui lui-même s'était proposé d'obéir à la mission apostolique,
il adressa cette exhortation à l'homme de Dieu : « Vous avez
» entendu, Père saint, l'ordre de notre seigneur le Pape, si salu-
» taire pour nos âmes : accomplissons donc cette œuvre, la déli-
» vrance du saint-sépulcre du Seigneur; chargeons-nous de ce
» fardeau que désirent les braves et que les lâches redoutent.
» Moi, quoique indigne, je serai votre serviteur dévoué et
» fidèle autant que je le pourrai. Je vous donnerai tous mes
» biens et moi-même, subvenant en tout à vos dépenses, et tou-
» jours prêt à obéir à vos conseils; sous votre conduite, aucun
» chemin, aucun labeur ne sera pénible : activez cette œuvre,
» excellent Père, et différez les autres. Daignez, je vous en prie,
» me recevoir pour votre serviteur; ne me méprisez pas ! Plus
» de retard ! pour quiconque a du cœur, le retard n'est pas
» libre ! »

» Ayant entendu ces paroles, Geoffroy répondit : « Le retard ne sera pas de mon côté, si Dieu et mes frères du Châlard y consentent (1). »

Mais, quand il consulta ses religieux, ceux-ci s'opposèrent à son départ ; et, dans une vision qu'il eut pendant son sommeil, l'abbé Paul, qui avait été martyrisé en ce lieu même par les Normands, au milieu du IX° siècle, l'abbé Paul lui apparut, et lui dit de renoncer à son voyage d'outre-mer, et d'achever dans ce lieu l'œuvre qu'il avait commencée (2).

§ 2. — Chevaliers limousins qui prirent part à la première croisade.

Les deux chevaliers limousins qui se sont le plus distingués à la première croisade sont Gouffier de Lastours et Raymond de Turenne. D'après un fragment des chroniques de Grandmont, ils partirent pour Jérusalem en 1096 (3).

Citons en premier lieu Gouffier de Lastours, qui, selon les expressions de Geoffroy de Vigeois, « se fit un grand nom dans la guerre sainte par ses exploits militaires, surtout devant la ville de Marrah (4) ».

Il était seigneur du château de Lastours, près de Nexon. Fils de Guy de Lastours — qui fut inhumé dans l'église d'Arnac — et d'Agnès, sœur du seigneur de Chambon-Sainte-Valérie, il avait deux frères plus âgés que lui : Guy de Lastours, l'aîné, qui mourut à Jérusalem, et Gérald (5), surnommé Béchade, qui,

---

(1) *Vita B. Gaufridi*, pièces justificatives, n° 3.

(2) *Id., ibid.*

(3) « Inter milites Lemovicensis diœcesis qui Jerosolymam profecti sunt anno 1096, nominantur Robertus (*lisez* Raimundus) de Torenna et Gulpherius de Turribus in quodam codice. » (Ap. LABBE, *Bibl. nova*, T. II, p. 329. — Voir encore *ibid.*, p. 293.)

(4) « Supradicti castri (*de Turribus*) princeps fuit Gulpherius ille de Turribus qui, in suprascripto bello, et maxime apud Marram urbem, magnum sibi nomen in præclaris facinoribus acquisivit. » (GAUFRED. VOSIENS., ap. LABBE, T. II, p. 296.)

(5) « Guido de Agne sorore principis castri de Chambon S. Valeriæ genuit Guidonem, Geraldum et Gulpherium, et Arnaco tumulatur. Guido Hierosolymis obiit... Superior ille magnusque Gulpherius, de quo mentio fit in historia Hierosolymitani belli, frater Guidonis et Geraldi. » (GAUFRED. VOSIENS., ap. LABBE, T. II, p. 262, 263.)

comme nous le verrons plus loin, écrivit en langue limousine l'histoire de la première croisade.

Il est à croire que Guy de Lastours, son frère aîné, qui mourut à Jérusalem, faisait partie de cette première expédition ; il n'est pas moins probable que Gérald Béchade, brave chevalier, qui écrivit l'histoire de cette guerre, y avait figuré comme acteur et témoin.

Raymond Ier, vicomte de Turenne, un des compagnons d'armes de Gouffier de Lastours, « a mérité, dit Baluze, que les historiens de ce temps-là parlassent de lui (1) ». Les historiens de la première croisade mentionnent en effet ses exploits pendant et après le siège d'Antioche, et ses coups de mains hardis avant et pendant le siège de Jérusalem.

« Parmi les vassaux du vicomte de Turenne, dit au même endroit le savant Baluze, je ne trouve mentionné que Raymond de Curemonte (2), duquel il est dit dans une charte du cartulaire de Tulle : « Sachent tous présents et à venir que moi, Ray» mond de Curemonte, *quand je voulus aller à Jérusalem, avec* » *Raymond, vicomte de Turenne*, j'ai engagé à Guillaume, abbé » de Tulle, la quatrième partie de l'église de Branceilles, etc. » Fait l'an de l'incarnation du Verbe 1096 (3). »

Il est toutefois hors de doute que d'autres seigneurs du Bas-Limousin accompagnèrent le vicomte de Turenne dans cette expédition d'outre-mer. Ainsi Géraud de Malefaïde, appelé par Collin « de Malefaye (4) », est mentionné par les historiens au nombre des chevaliers auxquels le comte Raymond de Saint-Gilles confia la garde d'un fort construit près de la ville d'Antioche. Géraud de Malefaïde était seigneur de Saint-Viance, sur la Vézère. Il était proche parent de Gaubert de Malefaïde, moine de

---

(1) BALUZE, *Historia Tutelens.*, p. 114.

(2) BALUZE, *ibid*. — Curemonte, aujourd'hui canton de Meyssac (Corrèze).

(3) « Noverint presentes et futuri quod ego, Raimundus de Curamonte, *quando volui pergere Jerosolymam cum Raimundo vicecomite Torennense*, impignoravi abbati Willelmo monachisque Tutelensibus quartam partem Ecclesiae de Brancelliis, etc... Hoc autem factum est anno Incarnati Verbi MXCVI. etc. » (BALUZE, *Historia Tutelens.*, p. 441, 442.)

(4) *Table chronologique*, v^e colonne : Hommes illustres en guerre (XIe siècle).

Saint-Martial et sacriste de Vigeois, qui fut nommé, en 1096, abbé du monastère d'Uzerche (1).

Un autre seigneur limousin dont les historiens de la croisade n'ont pas parlé, mais qui prit part certainement à la guerre sainte, est Aimery IV, vicomte de Rochechouart, duquel il est dit, dans des chartes authentiques, « qu'il partit en 1096 pour Jérusalem (2) ».

Faut-il compter parmi les chevaliers de la première croisade un noble voisin du vicomte de Rochechouart, c'est-à-dire Jourdain, prince ou seigneur de Chabanais, au diocèse de Limoges ? Collin l'affirme dans sa *Table chronologique* : « Jourdain, prince de Chabanais, dit-il, accompagna Godefroy en Syrie, et enfin y meurt après plusieurs années de service (3) ». Collin n'a pas inventé le fait, car, un siècle avant lui, François de Corlieu, dans son *Histoire des comtes d'Angoulesme*, dit également, en parlant de « l'aisné Jourdain, prince de Chabanois », qu'il « fit le voyage d'outre-mer avec Godefroy de Boloigne (*sic*), lorsque la sainte cité de Hiérusalem fut conquise par les François, l'an mil quatre-vingt-dix-neuf; auquel voyage Jourdain mourut (4) ». Nous regrettons de n'avoir pas trouvé ce fait confirmé par quelque document de l'époque des croisades. Il est vrai qu'une charte de l'abbaye de Lesterpt, publiée dans le *Gallia Christiana*, dit, en parlant de Jourdain, prince de Chabanais, fils d'Aïnard, qu'*il alla à Jérusalem* et qu'*il mourut aux pays lointains* (5); mais cette charte est datée de l'an 1093, sous le pontificat d'Humbaud, évêque de Limoges, et par conséquent antérieure à la première croisade.

Collin cite un autre chevalier limousin qui fit partie de cette

---

(1) « Gaubertus, cognomento Malefaïda..., oriundus ex genere militum de vico Sancti-Vincentiani, qui est prope Vizeram fluvium. » (Gaufred. Vosiens., ap. Labbe. T. II, p. 295.)

(2) P. Anselme, *Histoire généalogique de la Maison de France*, 3ᵉ édition, 1726, T. IV, p. 650. — P. Bonavent., T. III, p. 568.

(3) *Table chronologique*, vᵉ colonne, XIᵉ siècle.

(4) *Recueil en forme d'histoire de ce qui se trouve par escrit de la ville et des comtes d'Angoulesme*, 1576 : seconde édition, Angoulesme, 1629, p. 56.

(5) « Aïnardus genuit Jordanum ex Barrel, qui perrexit Jerosolymis, et reliquit filium, nomine Jordanum, qui hoc donum fecit. » (*Gallia Christiana nova*, T. II, Instrumenta, col. 195.) « Jordanus, filius Jordani, qui peregre obiit. » (*Ibid.*, col. 196.)

expédition : « Gilbert de Malemort, dit-il, se croise, et meurt en Syrie (1) ». Le bon chanoine a si peu de critique que sa caution n'est pas sûre.

Toutefois, un écrivain de nos jours, M. Marvaud, dans son *Histoire des vicomtes de Limoges*, énumère parmi les chevaliers limousins qui prirent part à la première croisade « Hélie de Malemort, neveu du vicomte de Limoges, qualifié du titre de prince (2) à cause de sa puissance et de son rang dans l'ordre féodal, et qui, avant de partir, fit d'importantes donations à l'abbaye d'Uzerche ». Il cite à l'appui de son dire la collection de Gaignières (3) ; il met encore au nombre des premiers croisés « Guillaume de la Roche-Canillac, qui commandait sept chevaliers et trente fantassins (4) ». La critique de M. Marvaud est si souvent en défaut que nous ne faisons mention de ce dernier chevalier qu'avec réserves.

Pourquoi place-t-il parmi les croisés limousins « Guillaume de Sabran », qui était de la Provence ; « Etienne et Pierre de Salviac, de la famille de Vieil-Castel (5), » qui était du Quercy ?

M. Bonnélye, dans son *Histoire de Tulle*, compte aussi parmi les chevaliers de la première croisade Robert de Roffignac et Pierre de Noailles, dont les noms et les armes figurent au musée de Versailles à côté de ceux de Gouffier de Lastours, de Raymond de Turenne et d'Hélie de Malemort (6).

Il est vrai que, dans des chartes publiées par Baluze, Robert de Roffignac (7) et Pierre de Noailles (8) parlent de leur projet d'aller à Jérusalem avec Bernard, vicomte de Comborn (9) ; mais ces chartes ne sont datées que de l'année 1119 : c'est donc vingt ans après la prise de Jérusalem qu'ils ont fait le voyage d'Orient,

---

(1) COLLIN, *Table chronologique*, v⁰ colonne, xi⁰ siècle.
(2) Le mot *princeps*, dans le langage de cette époque, signifie aussi *seigneur*. Exemple : « Supradicti castri (de Turribus) *princeps* fuit Gulferius ille de Turribus, etc. » GAUFRED. VOSIEN., ap. LABBE, T. II, p. 296.) — « De Agne, sorore *principis* castri de Chambon, etc. » (*Ibid.*, p. 291.) — A.
(3) MARVAUD, *Histoire des vicomtes de Limoges*, T. I, p. 154, 155.
(4) ID., *Histoire du Bas-Limousin*, T. I, p. 209.
(5) ID., *Histoire des Vicomtes de Limoges*, p. 155.
(6) F. BONNÉLYE, *Histoire de Tulle*, T. II, p. 75, 76.
(7) BALUZE, *Historia Tutel.*, p. 124, 471, 472. (Cartulaire de Tulle.)
(8) ID., *ibid.*, p. 124, 473, 474. (Cartulaires de Vigeois et d'Uzerche.)
(9) ID., *ibid.*, p. 124, 471, 472. (Cartulaire de Tulle.)

soit comme pieux pèlerins, soit comme chevaliers, pour renforcer, par de nouvelles recrues, le corps d'armée des croisés.

Il est hors de doute que les deux principaux chefs des croisés limousins, Gouffier de Lastours et Raymond de Turenne, avaient sous leurs ordres un certain nombre de chevaliers, d'écuyers et d'hommes de pied. Si le corps d'armée de Raymond, comte de Toulouse, dont faisaient partie les croisés de notre province, s'élevait, comme le disent les historiens, au chiffre de cent mille hommes, on peut, sans témérité, évaluer le contingent limousin à dix mille croisés. Bien entendu, nous comprenons dans ce chiffre les pèlerins, les vieillards et les femmes qui faisaient partie de l'expédition. Nous regrettons que nos chroniqueurs ne nous aient pas transmis le nom de quelques-uns de ces héros chrétiens qui, abandonnant leur patrie et leurs châteaux, allèrent en Orient « délivrer le grand tombeau du Christ (1) ». Ces preux, dont un grand nombre moururent obscurément sur le chemin de Jérusalem, ou périrent glorieusement sur les champs de bataille, méritaient d'être mentionnés avec honneur dans l'histoire : il nous eut été doux de les arracher à l'oubli.

§ 3. — Départ des croisés. — Arrivée à Constantinople et en Syrie.

La première expédition des croisés se composait, comme on sait, de plusieurs corps d'armée dont les chefs principaux étaient : Godefroy de Bouillon, accompagné de ses frères Baudoin et Eustache ; Hugues le Grand, comte de Vermandois, frère de Philippe I*er*, roi de France ; Robert, comte de Flandre ; Etienne, comte de Blois ; Robert, duc de Normandie, frère du roi d'Angleterre ; Raymond de Saint-Gilles, comte de Toulouse, auxquels vint se joindre Boémond, fils de Robert Guiscard, prince normand de la Pouille, accompagné du brave et fameux Tancrède.

Les chevaliers limousins, dont le territoire appartenait à l'ancienne Aquitaine, faisaient partie du corps d'armée de Raymond de Saint-Gilles ; le légat du pape, Adémar de Monteil, évêque du Puy, rehaussait par sa présence l'armée du comte de Tou-

---

(1)
« Canto l'arme pietose, e'l capitano
Che'l gran sepolcro liberò di Christo. »
(TASSO, *Gerusalem. liberata*, canto I.)

louse. Les chevaliers et autres soldats du Languedoc et de la Gascogne, de la Provence, de l'Auvergne et du Limousin, étaient rangés sous les bannières de Raymond de Saint-Gilles et du légat Adémar.

Parmi les chevaliers qui occupaient un rang distingué dans cette armée, les historiens des croisades citent en particulier Gaston, vicomte de Béarn; Raymond, vicomte de Castillon; Guillaume Amanjeu d'Albret; Raymond Pilet, seigneur d'Alais; Guillaume de Montpellier; Guillaume de Sabran; Guillaume, comte de Clermont, et les deux chevaliers limousins Raymond, vicomte de Turenne, et Gouffier de Lastours.

Ces nombreuses troupes, ne voulant pas suivre le même chemin pour se rendre en Orient, se divisèrent en trois corps d'armée, composés chacun de cent mille hommes : le premier, celui de Godefroy de Bouillon, se dirigea vers Constantinople en passant par la Hongrie; le second, qui était formé des troupes réunies de Robert, comte de Flandre, de Robert de Normandie et d'Hugues le Grand, passa en Italie, pour s'embarquer au port de Bari; le troisième, celui de Raymond de Toulouse, suivit la voie de terre pour se rendre à Constantinople, où les chefs de la croisade s'étaient donné rendez-vous. Nous ne nous occuperons que du corps d'armée du comte de Toulouse, dans lequel se trouvaient les chevaliers limousins.

Raymond de Saint-Gilles, accompagné de sa femme Elvire et de son fils, partit, dans l'été de l'an 1096, à la tête d'une armée de cent mille croisés. Après avoir passé le Rhône à Lyon, il traversa les Alpes et les plaines fertiles de la Lombardie, puis se dirigea vers Constantinople, en suivant la ligne du Frioul et de l'Esclavonie, province située au sud de la Hongrie.

« Dans l'Esclavonie, dit un historien de la guerre sainte (1), un grand nombre de croisés souffrirent beaucoup pour l'amour du Christ et du Saint-Sépulcre. Ils avançaient dans un pays couvert de brouillards si épais, qu'on ne pouvait rien distinguer de loin; et les Turcs leur tendaient des embûches de toutes parts. Mais le comte de Saint-Gilles, homme brave et prudent, faisait marcher le menu peuple au milieu du corps d'armée, et lui-même, avec deux bataillons de chevaliers, placés à la tête et à l'arrière-garde, le préservait des embûches des Turcs. Toutefois un grand

---

(1) *Museum italicum*, T. I, pars altera : *Belli sacri Historia*, p. 142.

nombre de croisés périrent par la faim ou par le glaive, parce que le pays était mauvais. On ne connaissait la direction du chemin que par le lever du soleil. »

Un autre historien des croisades, qui accompagnait le comte de Toulouse et l'évêque du Puy, Raymond d'Agiles, dit que ce corps d'armée, en passant par l'Esclavonie, eut beaucoup à souffrir à cause de la saison d'hiver. « L'Esclavonie, ajoute-t-il, est une terre déserte, montagneuse et sans chemins, où pendant trois semaines nous ne vîmes ni bêtes ni oiseaux. Les habitants du pays sont si agrestes et si incultes qu'ils ne voulaient ni faire de commerce avec nous, ni nous indiquer la route. Ils fuyaient de leurs bourgades et de leurs châteaux, et tuaient comme des animaux malfaisants les vieilles femmes et les infirmes qui suivaient l'armée de loin à cause de leur âge ou de leurs infirmités. Nous avons été environ quarante jours en Esclavonie, pendant lesquels nous marchions au milieu de brouillards si intenses que nous pouvions quelquefois les palper et les éloigner avec la main. Le comte de Toulouse campait toujours le dernier. Les uns arrivaient au campement à midi, d'autres le soir ; le comte arrivait souvent à minuit, ou même au chant du coq. Partout dans cette contrée nous étions environnés d'ennemis qui nous tendaient des embûches (1) ».

III. — C'est à travers ces périls que le corps d'armée de Raymond de Saint-Gilles parvint à Constantinople. Arrivé le dernier des chefs croisés, le comte de Toulouse refusa d'abord de rendre hommage, comme les autres princes, à l'empereur Alexis ; plus tard il suivit leur exemple. Les croisés partirent de Constantinople en 1097, et arrivèrent le 14 mai devant la ville de Nicée, dont ils firent le siège. Raymond de Toulouse et Adémar de Monteil, avec le cinquième corps, venus les derniers, campèrent du côté du Midi. Une tour formidable, qui se trouvait devant le camp de Raymond, fut minée par ses troupes, et s'écroula avec un horrible fracas. La ville eut été prise si les ténèbres de la nuit n'y eussent mis obstacle ; mais le mur de défense fut refait pendant la nuit (2).

Toutefois les assiégés, ne pouvant plus tenir, se rendirent, le

---

(1) RAYMOND D'AGILES, *Historiens des Croisades*, in-folio : *Historiens occidentaux*, T. III, p. 236.
(2) ID., *ibid.*, p. 239.

20 juin, à l'empereur Alexis, du consentement des princes croisés, au grand déplaisir de leurs troupes.

La grande armée des croisés, divisée ensuite en deux corps, se mit en marche vers la Syrie. Dans les plaines de Dorylée, elle eut à combattre une armée musulmane de trois cent mille hommes (1er juillet 1097). Le premier corps commençait à plier, quand le second, commandé par Godefroy de Bouillon, vint relever son courage. Toutefois le combat continuait avec acharnement : tout-à-coup on vit descendre d'une montagne voisine dix mille hommes de l'arrière-garde, commandés par Raymond de Toulouse et l'évêque Adémar. Ce dernier renfort, arrivé à propos, décida la victoire : l'armée musulmane fut mise en déroute, et laissa vingt mille morts sur le champ de bataille.

Raymond d'Agiles, dans son Histoire de la croisade, attribue cette victoire à l'arrivée du comte de Toulouse : « Un messager de Boémond, dit-il, accourut dans notre camp, qui était à une distance de deux milles. Aussitôt nos chevaliers prirent les armes, montèrent à cheval et fondirent sur l'ennemi. Dès que Soliman connut l'approche de notre armée, il désespéra de la victoire et fut forcé de prendre la fuite. Pendant deux jours nous trouvâmes sur notre route des chevaux morts à côté de leurs cavaliers (1). »

Après cette victoire, les croisés s'avancèrent sans obstacle dans la Syrie, et vinrent jusqu'à Antioche, dont ils commencèrent le siège le 21 octobre 1097. Pendant ce long voyage de France à Antioche, nous ne trouvons, dans les historiens de la croisade, aucune mention spéciale de nos chevaliers limousins.

§ I. — Siège d'Antioche. — Exploits des chevaliers limousins pendant le siège et après la prise de cette ville.

Les historiens des croisades ont fait un mention spéciale de trois chevaliers limousins qui se sont signalés pendant le siège d'Antioche et après la prise de cette ville : ces trois chevaliers sont Raymond de Turenne, Gérard de Malefayde et Gouffier de Lastours.

1. — Et d'abord, pendant le siège d'Antioche, le comte Raymond de Saint-Gilles fut chargé de faire garder par ses troupes

---

(1) RAYMOND D'AGILES, ap. *Historiens des Croisades : Historiens occidentaux*, T. III, chap. IV, p. 240.

une espèce de fort ou de camp retranché que les croisés avaient établi devant un pont de pierre par lequel les assiégés faisaient de fréquentes sorties. Le comte de Toulouse choisit cinq cents hommes des plus vaillants de son armée, auxquels il confia la garde de ce fort. Les principaux furent : Pierre, vicomte de Castillon ; *Raymond, vicomte de Turenne ;* Guillaume de Montpellier ; Gaston de Béarn, Pierre-Raymond d'Hautpoul, Guillaume de Sabran, *Géraud de Malefaïde* et *Gouffier de Lastours.* Un jour, sept mille Sarrasins sortirent d'Antioche, et attaquèrent le fort, qui n'était alors défendu que par soixante chevaliers : ceux-ci soutinrent bravement l'assaut, jusqu'à ce que, ayant reçu des renforts de l'armée chrétienne, ils forcèrent les ennemis à abandonner l'entreprise et à se retirer (1). Mais laissons la parole à deux historiens de la croisade :

« Ce fort ayant été achevé, nous commençâmes à serrer de toutes parts nos ennemis, dont l'orgueil et les prétentions avaient notablement baissé. Chacun des princes croisés avait contribué pour sa part à la construction de ce fort, qui fut défendu par un mur et un immense retranchement. On éleva deux tours sur la mosquée qui s'y trouvait enclavée. Tous nos princes confièrent la garde de ce fort au comte de Saint-Gilles, parce qu'il était campé en face. Il le gardait donc avec son armée, dans laquelle se trouvaient Gaston de Béarn, Pierre de Castillon, Guillaume de Montpellier, *Raymond de Turenne, Géraud de Malefaïde, Gouffier de Lastours,* Pierre-Raymond d'Hautpoul, Guillaume de Sabran, et plusieurs autres, que je ne puis énumérer. Le comte retenait, pour garder ce fort, tous les chevaliers qu'il pouvait trouver, et les payait de ses deniers.

« Un jour, de grand matin, les Turcs vinrent attaquer ce fort, qu'ils investirent de toutes parts, en poussant de grands cris, et en lançant des nuées de flèches. Ils blessèrent et mirent à mort plusieurs de nos combattants, parmi lesquels Bernard de Pardile. Les tentes de nos chevaliers étaient couvertes de flèches qui s'y étaient attachées. Sans le secours qui leur vint de l'autre armée, les ennemis leur auraient causé le plus grand dommage ».

Raymond d'Agiles ajoute quelques détails sur cette funeste journée : « Là, dit-il, furent tués quinze chevaliers de notre

---

(1) Dom Vaissette, *Histoire du Languedoc*, T. II, p. 208.

armée et environ vingt hommes de pied ; là périt le porte-étendard de l'évêque, dont le drapeau fut pris par les ennemis ; là mourut un très noble jeune homme, Bernard-Raymond de Béziers (1) ».

Les nôtres prirent le parti de construire une grande machine de guerre, avec laquelle ils pussent perforer le pont. Un jour le combat s'engagea au milieu du pont, sur lequel les croisés avaient traîné leur machine : il y eut un grand nombre de Turcs, et des plus braves, qui furent tués, et le pont fut percé. Mais, la nuit suivante, pendant que les nôtres se livraient au sommeil, les Turcs sortirent de la ville, brûlèrent la machine et restaurèrent le pont : ce qui causa une grande irritation dans le cœur des soldats de l'armée du Christ (2). »

II. — Après un siége de sept mois, la ville d'Antioche fut prise, le 3 juin 1098, grâce à l'habileté de Boémond, qui avait su se ménager des intelligences dans la place, et à qui un renégat, nommé Phirous, livra une tour dont la garde lui était confiée. Mais, peu de jours après, les croisés furent eux-mêmes assiégés dans Antioche par une formidable armée ennemie, sous les ordres de Kerbogâ, qui arrivait un peu tard au secours de la ville. En proie à une horrible disette, les croisés sentirent le tourment de la faim. Mais, encouragés par la découverte de la sainte lance, ils sortirent d'Antioche le 28 juin, et livrèrent bataille à l'armée musulmane. Le comte de Toulouse était retenu dans la ville par une blessure ; mais ses troupes, commandées par le légat Adémar, se trouvaient au centre de l'armée chrétienne. La mêlée s'engagea lorsque le clergé, à la suite d'Adémar, chantait le cantique de David : *Exurgat Deus, et dissipentur inimici ejus !* Rien ne résista au choc puissant de nos chevaliers, qu'exaltait un religieux enthousiasme ; et soixante-neuf mille musulmans restèrent sur le champ de bataille (3).

---

(1) RAYMOND D'AGILES, ap. *Historiens des Croisades : Historiens occidentaux*, in-fol., T. III, p. 244.

(2) PIERRE TUDEBOEUF, *Historiens des Croisades : Historiens occidentaux*, T. III, p. 50. — TUDEBODI IMITATOR ET CONTINUATOR, *ibid.*, 206, 207. — *Museum italicum*, T. I, pars II, p. 173, 174.

(3) Lettre des princes croisés au pape Urbain II, ap. BALUZE, *Miscellan.*, T. I, p. 415-418, etc. — Lettre de Boémond, ap. MICHAUD, *Histoire des Croisades*, T. I, Pièces justificatives, n° 1.

Après cette éclatante victoire, les princes croisés résolurent de séjourner à Antioche jusqu'aux premiers jours d'octobre.

Nous avons trouvé, dans un des historiens de la première croisade, quelques exploits de nos chevaliers limousins, que nous ne devons pas passer sous silence.

Pendant le séjour que les croisés firent à Antioche, un très noble chevalier de l'armée du comte de Toulouse, qui s'appelait Raymond Pilet, prit avec lui un certain nombre d'hommes d'armes, chevaliers et écuyers. Il sortit d'Antioche, accompagné de *Raymond de Turenne* et de *Gouffier de Lastours*. Ils entrèrent tous ensemble avec beaucoup de prudence et de courage dans le pays des Sarrasins. Ayant laissé de côté deux villes, ils arrivèrent devant une cité qu'on appelle Talamaniz. Les habitants de cette cité, qui étaient Syriens, se rendirent aussitôt à eux sans résistance. Après qu'ils eurent séjourné à Talamaniz pendant huit jours, des messagers vinrent leur dire qu'il y avait non loin de là un château (ville fortifiée) rempli d'une multitude de Sarrasins. Alors les croisés marchèrent sur ce château, et, l'attaquant de toutes parts, ils s'en emparèrent aussitôt avec le secours du Christ. Ils firent prisonniers tous les habitants, laissant la vie sauve à tous ceux qui voulurent embrasser le christianisme, et mettant à mort tous ceux qui refusèrent de se faire chrétiens. Après cette expédition, nos Francs revinrent avec joie dans la cité d'Antioche (1).

Trois jours après, ils en sortirent de nouveau, et ils arrivèrent devant une ville nommée Marrah, qui était proche. Il y avait là un grand nombre de Turcs et de Sarrasins, et des Arabes venus de la cité d'Alep, et d'autres accourus de toutes les villes environnantes. Les Barbares sortirent pour livrer bataille, et les nôtres espéraient bien être victorieux : mais les ennemis se dérobèrent aussitôt, et prirent la fuite. Toutefois pendant cette journée jusqu'au soir il y eut des escarmouches de part et d'autre. Comme la chaleur était excessive, les nôtres, ne trouvant aucune source pour se désaltérer, et ne pouvant souffrir une soif aussi dévorante, voulurent rentrer à Antioche. Alors les Syriens et les soldats du menu peuple qui faisaient partie de notre armée commencèrent à prendre la fuite, parce qu'ils étaient sans chef,

---

(1) *Museum Italicum*, T. I, pars II, p. 196. — *Historiens des Croisades : Historiens occidentaux*, in-fol., T. III, p. 206.

semblables à des brebis sans pasteur. Dès que les Turcs les virent s'enfuir, ils se mirent à leur poursuite, et il y en eut beaucoup des nôtres qui rendirent leurs âmes bienheureuses à Dieu, pour l'amour duquel ils étaient venus jusque-là. Ce massacre eut lieu le cinquième jour du mois de juillet (1098). Les Francs retournèrent dans leur cité d'Antioche, et restèrent là avec leurs troupes pendant plusieurs jours.

Il ne faut pas oublier que, le jour de l'Assomption de la sainte Vierge (15 août 1098), pendant que Raymond Pilet et Raymond de Turenne se tenaient ensemble sous les murs d'Antioche en toute confiance et sécurité, un grand nombre de Turcs, d'Arabes et de Sarrasins, sortis d'Alep et d'autres châteaux de ce pays montagneux, vinrent à l'improviste les surprendre et fondre sur eux. Alors Raymond de Turenne et Raymond Pilet, se voyant en présence de cette tourbe d'excommuniés, se munirent tous ensemble du signe de la croix, et, ayant invoqué le nom du Christ, se jetèrent vaillamment sur les ennemis. Dès que ces mécréants entendirent invoquer le nom du Christ, ils tournèrent bride ; et les nôtres, les poursuivant, tuèrent sept d'entre eux, et s'emparèrent de dix superbes chevaux. Les autres croisés, qui étaient restés dans Antioche, les reçurent avec de grands sentiments de joie et d'allégresse.

Toutefois les chevaliers, et spécialement ceux de l'armée du comte de Toulouse, étaient alors dans le deuil ; car leur chef et pasteur, Adémar, évêque du Puy, qui, par la permission divine, avait été attaqué d'une cruelle maladie, venait de quitter ce monde : il s'endormit dans le Seigneur le 1er août, jour de saint Pierre-ès-Liens.

Peu de temps après, le vénérable comte de Saint-Gilles, guéri de sa blessure, entra dans le pays des Sarrasins, et arriva devant une cité qu'on appelle Albara. Il l'investit avec son armée, et s'en empara sur-le-champ. Un grand nombre de Sarrasins, hommes et femmes, furent mis à mort. Le comte voulut donner un évêque à cette ville, afin que cette maison du démon fût changée en un temple du Dieu vivant ; et l'on choisit un prêtre vénérable, plein de sagesse et de piété, que l'on conduisit à Antioche, afin qu'il y reçût la consécration épiscopale (1).

---

(1) *Museum Italicum*, T. I, pars II, p. 197, 198. — *Historiens des Croisades : Historiens occidentaux*, in-fol., T. III, p. 207.

§ 5. — **Siége de la ville de Marrah.** — **Hauts faits de Gouffier de Lastours.**

En sortant d'Antioche, vers la fin de novembre 1098, le comte de Toulouse alla mettre le siège devant la cité de Marrah. Comme c'est devant cette ville que Gouffier de Lastours, le héros limousin des croisades, « se fit un grand nom », on nous permettra de nous étendre sur ce sujet, et de reproduire ce que racontent divers historiens.

I. — Citons d'abord Pierre Tudebode ou Tudebœuf, témoin oculaire, et l'un des vieux historiens de la première croisade :

« Le mardi 23 novembre, le comte Raymond de Saint-Gilles sortit d'Antioche avec son armée, et il passa par la ville appelée Rugia et une autre qu'on nomme Albara. Le samedi, 27 novembre, il arriva devant une cité qui s'appelle Marrah, dans laquelle étaient réunis une grande multitude de Sarrasins, de Turcs, d'Arabes, et un très grand nombre de payens. Le lendemain, dimanche (28 novembre), il donna l'assaut à la ville ; mais il ne put s'en emparer, parce que ce n'était pas encore la volonté de Dieu. Ce jour-là même, Boémond, qui marchait avec son armée à la suite de Raymond, vint camper auprès de Marrah. Le lendemain, lundi (29 novembre), les croisés attaquèrent la ville si vigoureusement que les échelles furent dressées contre les murs ; et là assiégeants et assiégés se battaient à coups de lances et d'épées. Mais les payens déployèrent un si grand courage que, ce jour-là, ils ne furent pas vaincus par les croisés, lesquels, d'ailleurs, eurent beaucoup de maux à souffrir : car les vivres leur manquaient, et ils n'osaient en aller chercher nulle part, tant était grande la multitude des payens qui se trouvaient aux environs de la ville. »

Le lendemain était la fête de saint André (30 novembre). D'après le récit de Tudebœuf, cet apôtre apparut à Pierre Barthélémy (ce chapelain du comte Raymond qui avait découvert la sainte lance à Antioche), et lui fit certaines recommandations, que le saint prêtre transmit aux croisés, et auxquelles ceux-ci promirent de se montrer fidèles.

« Alors Raymond de Saint-Gilles fit construire une espèce de château-fort ou de tour en bois, très solide et d'une grande élévation ; ce château fut monté sur quatre roues, et un grand nombre de chevaliers y prirent place. Ebrard le Chasseur sonnait fortement du cor; et devant lui on agitait de glorieux étendards et des bannières, ce qui était très beau à voir. Au bas de ce château se trouvaient plus de cent chevaliers armés, qui le firent rouler auprès des remparts de la ville, en face d'une certaine tour.

» Les payens, de leur côté, avaient un grand nombre de machines avec lesquelles ils lançaient sur ce château de grandes pierres qui blessaient dangereusement nos chevaliers; ils déchiraient à coups de flèches et de pierres les étendards qui flottaient au sommet de la tour; d'autres jetaient dessus du feu grégeois, avec lequel ils espéraient l'incendier : mais le Dieu bon et miséricordieux ne le permit pas.

» Ce château dominait les remparts et les tours de la ville; nos chevaliers, qui se trouvaient sur la plate-forme supérieure, à savoir Guillaume de Montpellier et plusieurs autres, lançaient de grosses pierres sur les Sarrasins qui se tenaient sur les murs de la cité, et il les frappaient de telle sorte sur leurs boucliers, que le payen tombait mort avec son bouclier dans l'intérieur de la ville. D'autres avaient des crochets au bout de leurs lances, et avec ces lances et des barres de fer ils s'efforçaient de tirer l'ennemi jusqu'à eux. Les prêtres et les clercs, revêtus de leurs ornements sacrés, se tenaient au-dessous de la tour de bois, priant et conjurant Notre-Seigneur Jésus-Christ de défendre son peuple, de donner la victoire à ses soldats, d'exalter la chrétienté, et de détruire le paganisme. Et l'on combattit ainsi jusqu'au soir.

» Alors un certain Gouffier de Lastours, très noble chevalier (*honestissimus miles*), monta sur le rempart par une échelle qui se brisa tout à coup sous le poids de ceux qui le suivaient. Gouffier, debout sur la muraille, combattait les ennemis et les tuait à coups de lance. Ses compagnons, ayant trouvé une autre échelle, la dressèrent promptement contre le mur, sur lequel montèrent plusieurs chevaliers et hommes de pied; et il y en monta un si grand nombre, que le sommet des remparts pouvait à peine les contenir. Les Sarrasins les attaquèrent si vigoureusement, en leur lançant des flèches du haut des tours et de l'intérieur de la ville, ou en les frappant de près à coups de lance, qu'un grand nombre des nôtres, saisis de terreur, se jetèrent au bas du mur. Mais les braves qui étaient restés sur le rempart soutenaient courageusement l'attaque des ennemis; pendant ce temps, les autres, qui étaient sous le château de bois, s'occupaient à percer le mur de la ville. Les Sarrasins, voyant que nos soldats avaient fait une trouée dans le mur, furent aussitôt frappés de terreur, et s'enfuirent dans l'intérieur de la cité. Toutes ces choses arrivèrent le samedi (11 décembre), à l'heure de vêpres, au coucher du soleil.

» Alors Boémond fit dire par un interprète aux principaux chefs sarrasins de se réfugier avec leurs femmes, leurs enfants et leurs trésors dans un palais situé au-dessus de la porte de la cité, et qu'il les sauverait de la peine capitale. Les nôtres entrèrent dans la ville, et tout ce qu'ils purent trouver de bon dans les maisons et dans les caves, ils se l'appropriaient ; et, quand le jour fut venu, partout où ils rencontraient des Sarrasins, hommes ou femmes, ils leur donnaient la mort. Il n'y avait pas un coin dans la cité où l'on ne trouvât des corps de Sarrasins, et à peine pouvait-on faire un pas dans les rues sans fouler aux pieds des cadavres. Quant à ceux que Boémond avait fait entrer dans le palais, il s'en empara, leur enleva tout ce qu'ils possédaient, l'or, l'argent et autres ornements ou richesses ; parmi eux, les uns furent exécutés, les autres conduits à Antioche pour y être vendus comme esclaves. Il y en eut beaucoup des nôtres qui trouvèrent dans la ville tout ce qui leur était nécessaire, et beaucoup d'autres qui ne trouvèrent rien à piller. Ensuite on séjourna si longtemps dans cette cité, qu'un grand nombre d'entre eux souffrirent de la faim ; ils n'osaient pas s'aventurer au-dehors, dans le pays des Sarrasins, pour chercher des vivres ; et auprès d'eux ils ne trouvaient rien à manger, car les chrétiens de cette contrée ne leur portaient rien à vendre. Les pauvres de notre armée se mirent à déchirer les cadavres des Sarrasins, parce qu'ils trouvaient des besans cachés dans leurs entrailles. D'autres, tourmentés par la faim, coupaient les corps en morceaux et les faisaient cuire pour leur nourriture. Mais les chefs de notre armée, voyant cela, firent porter les cadavres en dehors de la ville, auprès des portes ; et là, on en faisait des monceaux, pour les consumer et les réduire en cendres (1). »

Ce récit de Pierre Tudebœuf a été reproduit, avec quelques légers changements, par l'écrivain anonyme qui a continué et augmenté son œuvre, et dont le texte a été publié par Mabillon (2). Baudry de Bourgueil, archevêque de Dol, dans son *Histoire de*

---

(1) PETRI TUDEBODI *Historia*, ap. *Historiens des Croisades : Historiens occidentaux*, T. III, p. 90-94.

(2) *Museum Italicum*, T. I, pars II, p. 190-201. — *Historiens occidentaux*, T. III, p. 208.

Jérusalem (1), et Orderic Vital, dans son *Histoire ecclésiastique* (2), ont également reproduit, avec quelques modifications de détail, le récit de cet ancien chroniqueur, qui mérite d'autant plus de confiance, qu'il semble avoir écrit, jour par jour, le récit des événements dont il était témoin oculaire.

II. — Citons encore un autre historien de la croisade, Raymond d'Agiles, qui accompagnait l'armée du comte de Toulouse :

« Après les préparatifs nécessaires, le jour fixé pour le départ, le comte de Saint-Gilles et le comte de Flandre s'avancèrent avec leur armée dans la Syrie, et ils mirent le siège devant Marrah, cité très riche et très peuplée. Les habitants de Marrah étaient tellement orgueilleux de ce que précédemment ils avaient tué un certain nombre des nôtres, qu'ils maudirent notre armée et injurièrent nos princes ; et, pour aggraver leurs provocations, ils plaçaient des croix sur les remparts, et leur faisaient toutes sortes d'outrages. C'est pourquoi, le second jour de notre arrivée, nous les attaquâmes avec une telle vigueur que, si nous avions eu au plus quatre échelles, la ville eût été prise. Mais, comme nous n'en avions que deux, d'ailleurs trop courtes et assez fragiles, et qu'on n'y montait qu'avec crainte, on résolut de fabriquer des machines, des claies et des béliers, avec lesquels on battrait la muraille pour la percer et l'abattre. Cependant Boémond vint avec son armée, et cerna la ville d'un autre côté. Après qu'on eut préparé les armements dont nous avons parlé, comme pour engager Boémond, qui n'était pas présent à la première attaque, nous voulûmes combler le fossé, et faire l'assaut du rempart. Mais nos efforts furent vains, car on combattit avec plus de mollesse qu'auparavant. Ensuite une telle disette régnait dans l'armée que, chose triste à dire, vous auriez vu plus de dix mille hommes aller à travers champs, comme des troupeaux, fouillant la terre, et cherchant si, par hasard, ils pourraient trouver quelques grains de froment ou d'orge, ou des fèves, ou d'autres légumes. »

Raymond d'Agiles raconte ensuite la vision que le prêtre Bar-

---

(1) « Gulferius tamen de Turribus, vir alti sanguinis et audaciæ mirabilis, Lemovicensis oriundus prosapiæ, primus audacter scalam ascendit, et usque in murum pedem tetendit. » (*Patrolog.*, T. CLXVI, col. 1129 et seq.)

(2) *Patrolog.*, T. CLXXXVIII, col. 697 et seq.

thélémy eut dans la chapelle du comte de Toulouse. Les apôtres Pierre et André lui apparurent, d'abord couverts de vêtements en lambeaux, ensuite revêtus d'une éclatante lumière, et, après lui avoir rappelé la victoire miraculeuse remportée par les chrétiens sous les murs d'Antioche, après avoir reproché les désordres qui régnaient dans le camp des croisés, lui donnèrent l'assurance que la cité de Marrah tomberait au pouvoir de l'armée chrétienne. Le lendemain, l'évêque d'Orange, qui avait remplacé comme légat du pape l'évêque du Puy, Adémar de Monteil, raconta cette vision aux croisés, qui furent remplis d'espérance. Raymond d'Agiles ajoute (1) :

« Après cela, on fabrique promptement des échelles, on construit une tour de bois, on tresse des claies, et, le jour convenu, on donne l'assaut. Pendant que nos soldats cherchaient à percer le mur, ceux qui étaient dans la ville jetaient sur eux des pierres avec de puissantes machines ; ils lançaient pêle-mêle des traits, du feu grégeois, des pièces de bois, des ruches d'abeilles et de la chaux vive : mais, par la puissance et la miséricorde de Dieu, ils n'atteignaient point les nôtres ou n'en blessaient qu'un petit nombre. Nos soldats, armés de leurs pierriers et de leurs échelles, attaquaient le rempart sans perdre courage. Ce combat dura depuis le lever jusqu'au coucher du soleil avec une telle violence qu'on ne se donna aucun repos, et la victoire était encore incertaine. Enfin tous nos soldats, d'une voix unanime, crièrent vers le Seigneur afin qu'il fût propice à son peuple, et qu'il accomplît la promesse faite par ses apôtres. Le Seigneur vint aussitôt à notre secours, et nous livra la ville, selon la parole que ses apôtres avaient donnée.

» Gouffier de Lastours monta sur le rempart avant tous les autres. Il fut suivi de plusieurs, qui envahirent la tour de la cité ; et la nuit survint, qui mit fin au combat. Mais les Sarrasins occupaient encore plusieurs tours et une partie de la ville. Nos chevaliers, qui comptaient que les assiégés tiendraient jusqu'au lendemain, faisaient la garde autour des murs, de peur que quelqu'un de leurs soldats ne prît la fuite ; mais ceux-ci, qui ne tenaient guère à la vie, et qui avaient appris, par de longs jeûnes, à mépriser l'existence, ne craignaient pas de guerroyer

---

(1) RAYMOND. DE AGUILERS, ap. *Historiens des Croisades : Historiens occidentaux*, T. III, p. 268-270.

avec l'ennemi au milieu des ténèbres : et c'est ainsi que les pauvres de l'armée s'emparèrent des maisons et des dépouilles des Sarrasins. »

III. — Nous ne traduirons pas Guillaume de Tyr, qui n'a fait que modifier légèrement le texte de Raymond d'Agiles : nous nous bornerons à compléter, d'après lui, le récit de la prise de Marrah :

« Le lendemain matin, les princes, s'étant levés, s'emparèrent de la ville sans combat, mais n'y trouvèrent que peu de butin. Ayant appris que les habitants s'étaient cachés dans des cavernes souterraines, ils allumèrent de grands feux, y firent entrer une épaisse fumée, et les forcèrent ainsi à se rendre. Arrachés par la violence à cette dernière retraite, les uns périrent par le glaive, les autres furent chargés de fers et faits prisonniers. Là mourut le seigneur Guillaume, évêque d'Orange, d'heureuse mémoire, homme religieux et craignant Dieu (1). »

IV. — Citons enfin un autre historien de la croisade, Robert le Moine, qui, après avoir raconté longuement, en langage poétique, les diverses phases du siége de Marrah, est entré dans plus de détails sur les exploits de Gouffier de Lastours.

Robert le Moine décrit la tour de bois, plus élevée que les tours de pierre, et qui comprenait trois étages, dont l'étage supérieur était couvert de chevaliers ; puis il ajoute :

« Guillaume de Montpellier était avec un grand nombre d'autres à l'étage supérieur ; il avait avec lui un chasseur nommé Evrard, très habile à jouer de la trompette, et qui, par le son éclatant de sa voix, effrayait les ennemis et excitait les siens à la bataille. Et, pendant que Guillaume de Montpellier portait le ravage autour de lui (car, en lançant des rochers énormes, il ébranlait jusqu'au toit des maisons), ceux qui étaient au-dessous de lui perçaient la muraille, d'autres appliquaient une échelle devant les créneaux du rempart. Quand l'échelle fut dressée, comme personne n'osait y monter le premier, un certain Gouffier de Lastours, noble chevalier, n'écoutant que son courage, s'élança vers le haut de la muraille, et fut suivi de plusieurs braves. Quand les payens virent les nôtres monter sur le rempart, saisis d'une

---

(1) WILLELM. TYR., ap. *Historiens des Croisades : Historiens occidentaux.* T. I, p. 291.

violente colère, ils les assaillirent de tous côtés, et les accablèrent d'une telle grêle de traits et de flèches, que quelques-uns de nos soldats, qui étaient déjà sur la muraille, se jetèrent en bas, et, en tombant brisés sur la terre, trouvèrent la mort, qu'ils espéraient éviter. Mais nos jeunes et vaillants guerriers, qui voyaient Gouffier de Lastours combattre avec un petit nombre au sommet du rempart, s'oubliant eux-mêmes pour ne songer qu'à leurs compagnons, montent à l'assaut sur le champ et couvrent de leur multitude une partie du mur. Debout auprès de la tour de bois, les prêtres et les lévites, ministres du Seigneur, invoquaient le soutien de la nation chrétienne, Jésus-Christ, le fils de Dieu, et disaient : « Seigneur, ayez pitié de nous ! Soyez notre bras
» dès le matin, et notre salut dans le temps de la tribulation !
» Répandez votre colère sur les nations qui ne vous connaissent
» pas et sur les royaumes qui ignorent votre nom ! Dissipez-les
» par votre force, et abattez-les, Seigneur, notre protecteur ! »

» Pendant que les uns combattaient, que les autres mêlaient leurs pleurs aux chants liturgiques, que d'autres perçaient la muraille, Gouffier était tout en sueur au milieu du plus rude combat. Tous les ennemis se jetaient sur lui et ses compagnons : lui et ses compagnons luttaient contre tous les ennemis. Son bouclier était une puissante protection pour les siens, qui étaient auprès de lui sur la muraille. La plate-forme étroite du rempart ne permettait pas à ses compagnons de se mettre à côté de lui, et ne permettait qu'à un seul homme des ennemis de venir en face ; mais aucun des ennemis ne put triompher de Gouffier, tandis que lui en abattit un grand nombre. C'est pourquoi personne n'osait se présenter devant lui, parce que chacun craignait pour lui-même le sort qu'il avait fait subir aux autres. On jetait sur lui des traits, des flèches, des pieux, des pierres ; et son bouclier en était tellement chargé qu'un homme seul n'aurait pu le soulever.

» Déjà le vaillant guerrier succombait à la fatigue ; déjà la sueur ruisselait de tout son corps sur la terre ; déjà il était urgent qu'un autre vînt le remplacer, quand ceux qui avaient troué la muraille entrèrent avec impétuosité dans la ville, tranchant la tête à tous ceux qu'ils rencontrèrent les premiers. Alors ceux qui étaient sur la muraille, stupéfaits de cette entrée imprévue, sentirent leur sang se glacer dans leurs veines, et leur cœur fut saisi d'effroi.

» Que pouvaient faire ces malheureux, qui, se voyant condamnés à mort, avaient perdu le sens, et que des ennemis cernaient de toutes parts, et hors des murs, et dans l'enceinte de leurs murailles ? Cependant Gouffier, qui avait été sur le point de succomber à la fatigue, avait repris de nouvelles forces ; et, sans être protégé par son bouclier ou son casque, brandissant dans sa main droite sa large épée rouge de sang, il poursuivait les ennemis, qui s'enfuyaient devant lui pêle-mêle ; et il en fit périr un plus grand nombre par la frayeur qu'il leur inspira que par les coups de son épée ; car ils se précipitaient du haut des murs, et trouvaient la mort dans leur chûte (1). »

C'est ainsi que, par sa bravoure héroïque, Gouffier de Lastours se fit un grand nom (2) sur les remparts de Marrah.

§ 6. — Marche des Croisés sur Jérusalem. — Exploits de Raymond de Turenne.

I. — La ville de Marrah fut livrée aux flammes, et le comte de Toulouse en sortit, le jour de saint Hilaire (14 janvier 1099), avec Robert de Normandie et Tancrède, pour marcher sur Jérusalem. Les autres princes ne partirent d'Antioche qu'au mois de mars pour la même destination. Après avoir traversé, sans résistance, plusieurs villes de Syrie, Raymond de Saint-Gilles arriva, le lundi 14 février, devant la ville d'Archas, dont il fit le siège.

Cette place forte, située au pied du Liban, à quelques lieues de Tripoli, était bâtie sur des rochers élevés, et environnée de remparts qui paraissaient inaccessibles. Les croisés plantèrent leurs tentes près de cette cité, admirablement fortifiée par l'art et par la nature, et remplie d'une troupe innombrable de payens, c'est-à-dire de Turcs, de Sarrasins et d'Arabes. Les assiégés se défendirent avec un si grand courage que, au bout de trois mois, les croisés, voulant marcher sur Jérusalem, furent obligés de lever le siége.

Dans les premiers jours de leur arrivée sous les murs d'Archas, quelques chevaliers de notre armée sortirent du camp, et se dirigèrent vers la ville de Tripoli, qui était proche. Ces six chevaliers étaient : Raymond de Turenne ; Pierre, vicomte de Castillon ;

---

(1) ROBERT. MONACH., ap. *Historiens des Croisades : Historiens occidentaux*, T. III, p. 842-843.

(2) « Apud Marram urbem, magnum sibi nomen in praeclaris facinoribus acquisivit. » (GAUFR. VOSIEN., ap. LABBE, T. II, p. 296.)

Bègue de la Ribière, Amanieu de Loubens, Guillaume Bouti et Sicard. Ces six chevaliers rencontrèrent soixante chevaliers ennemis, turcs, sarrasins, arabes ou kurdes, qui conduisaient un nombreux convoi de nos hommes faits prisonniers, et chassaient devant eux plus de quinze cents têtes de bétail. Dès que les nôtres les virent, quoiqu'ils fussent en petit nombre, ils invoquèrent le Dieu des armées, et, s'étant munis du signe de la croix, ils se jetèrent hardiment sur les ennemis, et, avec l'aide de Dieu, les mirent en pleine déroute. Ils tuèrent six d'entre eux, s'emparèrent de six de leurs chevaux, et revinrent triomphalement au camp avec un immense butin. L'armée salua leur retour avec enthousiasme (1).

Peu de temps après, plusieurs chevaliers, commandés par Raymond, vicomte de Turenne, et par Raymond Pilet, inséparables compagnons d'armes, se détachèrent de l'armée du comte de Toulouse, et, ayant déployé leurs bannières, chevauchèrent vers la cité de Tortose. Dès qu'ils y furent arrivés, ils l'attaquèrent dans un vigoureux assaut, quoiqu'elle fût défendue par une multitude d'ennemis; mais, ce jour-là, les nôtres ne firent rien.

Le soir étant venu, ils se retirèrent à l'écart, auprès d'une forêt; ils plantèrent leurs tentes, et, toute la nuit, ils allumèrent de grands feux, comme si toute l'armée chrétienne eût été là, derrière eux. Cette ruse de guerre leur réussit à merveille. Les assiégés, effrayés par cette grande quantité de feux, et s'imaginant que tous les croisés étaient arrivés sous leurs murs, prirent secrètement la fuite pendant la nuit, laissant la ville remplie de toutes sortes de provisions et de richesses, avec un excellent port sur la mer. Le lendemain, les nôtres, ayant voulu donner l'assaut à la cité, la trouvèrent vide; ils y entrèrent, en rendant grâces à Dieu, et y séjournèrent jusqu'à ce qu'on eût levé le siège d'Archas (2).

En s'éloignant de cette cité pour marcher sur Jérusalem, les croisés, longeant les côtes de la Syrie, traversèrent plusieurs

---

(1) Pierre Tudebode, ap. *Historiens des Croisades : Historiens occidentaux*, T. III, p. 98. — *Museum italicum*, T. I, pars II, p. 203. — Robert le Moine, au lieu de six chevaliers, en compte quatorze, qu'il ne nomme pas (livre VIII, chap. XII). Voir *Historiens occidentaux*, T. III, p. 852.

(2) Pierre Tudebode, ap. *Historiens des Croisades : Historiens occidentaux*, T. III, p. 98. — Robert le Moine, *ibid.*, p. 854. — *Museum italicum*, T. I, pars II, p. 204.

villes, et arrivèrent, vers la fin du mois de mai, à celle d'Acre. Si nous faisons mention de cette cité, c'est pour signaler l'erreur dans laquelle est tombé le vieil auteur des *Annales de Limoges*, qui a placé là un exploit de Gouffier de Lastours et des guerriers limousins : « Les chrestiens conquérans Hiérusalem, dit-il, gaignèrent au port de Farfar la première bataille, et obtindrent victoire, le 5 mars, à Nichée. Parquoy assiégerent la ville d'Acre, où donnerent plusieurs assautz. Advint que les chrestiens, estans en tropt grand nombre pour assaillir, se partirent distribuant les compagnies selon les nations, et, par ordre, donnoient lieu de combattre les uns aux autres. Bref, *Geoffroy de Lastours*, conduisant les Limousins, eust, comme les autres, rangt de combattre pour assaillir la cité. Lequel, apres avoir bien exhorté sa bande, les Limousins, par grand hardiesse et générosité, prindrent la citté par force, tuant tous les citoyens qu'ilz trouverent, le restant s'estant sauvé par le lac aveq des bateaux qu'ilz avoient préparés : où ledit de Lastours et Limousins receurent grand gloire et honneur (1). » Le vieil auteur des *Annales de Limoges* aura sans doute confondu la ville de Marrah avec celle d'Acre, et placé près de cette dernière ville le lac qui se trouvait près de Nicée.

II. — Les croisés arrivèrent le 7 juin sous les murs de Jérusalem. L'aspect de la ville sainte, but de leur pèlerinage, objectif de leurs travaux, excita leur enthousiasme religieux et guerrier. Ils tombèrent à genoux, et s'écrièrent : « Salut, Jérusalem, gloire du monde, toi qui a vu le Christ souffrir pour notre salut (2) ! » Robert de Normandie campa du côté du nord : il avait non loin de lui le comte de Flandre; du côté de l'occident, la ville fut assiégée par Godefroy de Bouillon et Tancrède ; le comte de Toulouse s'établit au midi, sur la colline de Sion (3). Notre but n'est pas de raconter en détail les péripéties du siége : nous nous bornerons à signaler quelques exploits des chevaliers limousins.

Le troisième jour du siège (10 juin 1099), après que l'armée eut

---

(1) *Annales manuscrites de Limoges*, édition Ducourtieux, 1873, p. 145.
(2) « Jerusalem eminus videns, positis in terram genibus, cam gaudens salutat : « Ave, inquit, Jerusalem, tu quae es gloria mundi, in qua » Christus patiendo salutem nostram invenit ». (*Museum Italicum*, T. I, pars II, p. 214.)
(3) BALDERIC. DOL., *Patrolog.*, T. CLXVI, col. 1139.

planté ses tentes, pendant qu'elle se reposait des fatigues du voyage et qu'on préparait des machines pour donner l'assaut aux remparts, Raymond Pilet et Raymond de Turenne, les deux frères d'armes, suivis de plusieurs autres chevaliers, sortirent du camp en éclaireurs, et parcoururent les contrées environnantes, de peur que les ennemis ne tombassent sur eux à l'improviste, et que, devant leur attaque subite, les chrétiens ne fussent pas préparés au combat. Ils rencontrèrent un bataillon de deux ou trois cents Arabes, les attaquèrent et les mirent en fuite; ils en tuèrent un grand nombre, et s'emparèrent de trente de leurs chevaux; ressource d'autant plus précieuse, que beaucoup de chevaliers, ayant perdu leurs montures, étaient obligés de combattre à pied. Après cette victoire, ils rentrèrent joyeux au camp des chrétiens (1).

Quelques jours après, le lundi 13 juin, les croisés donnèrent un premier assaut à la ville, et ils l'auraient emportée, pensaient-ils, s'ils avaient eu un assez grand nombre d'échelles. Ils eurent à combattre corps à corps avec les Sarrasins sur le haut des remparts. Il y eut beaucoup de morts de part et d'autre, surtout du côté des ennemis; mais le clairon donna le signal de la retraite, et les croisés rentrèrent dans leur camp (2).

Sous un ciel de feu, par un été brûlant, l'armée chrétienne eut à souffrir cette chaleur torride et cette calamité de la soif que le Tasse a si poétiquement décrites dans sa *Jérusalem délivrée* (3). Au milieu de leur détresse, un secours inespéré leur arriva. On annonça dans le camp cette nouvelle, qu'une flotte chargée de munitions et de vivres était entrée au port de Jaffa, l'antique Joppé.

Les princes tinrent conseil pour savoir comment ils feraient arriver jusqu'au camp les provisions apportées par la flotte. Il fut décidé qu'on enverrait un certain nombre de chevaliers vers le port de Jaffa, pour assurer le transport des munitions et pour défendre les vaisseaux contre les attaques des Sarrasins. « Dès les premiers rayons du jour, dit Robert le Moine, cent chevaliers sortirent de l'armée du comte de Saint-Gilles. A leur tête se trou-

---

(1) ROBERT LE MOINE, lib. IX, cap. II, *Historiens des Croisades : Historiens occidentaux*, T. III, p. 868.
(2) BALDERIC. DOL., *Patrolog.*, T. CLXVI, col. 1129.
(3) *Gierusalemme liberata*, canto XIII.

vaient Raymond Pilet, toujours livré aux travaux de la milice, toujours étranger au repos, puis l'autre Raymond, vicomte de Turenne, Achard de Montmerle et Guillaume de Sabran. Ils se dirigèrent, prêts à combattre, vers le port de Jaffa. Pendant cette marche, trente d'entre eux se séparèrent de leurs compagnons pour explorer les chemins, et voir s'ils rencontreraient des ennemis. Ils se trouvèrent tout à coup en face de sept cents Turcs ou Arabes, et, malgré leur petit nombre, ils n'hésitèrent pas à fondre sur eux. Ceux qu'ils frappèrent dans le premier choc tombèrent pour ne plus se relever ; mais, accablés par la multitude des ennemis, les trente chevaliers ne pouvaient tenir longtemps (1) : il leur fallut songer à la retraite. Alors les Sarrasins, suivant leur manière de combattre, enveloppèrent la petite troupe, et déjà ils se flattaient de l'exterminer, quand un courrier arriva à bride abattue vers Raymond Pilet : « Hâtez-vous d'accourir au secours de vos compagnons d'armes, autrement ils sont tous perdus ! Les ennemis les environnent, et ils ont beaucoup de mal à se défendre. » Raymond Pilet et Raymond de Turenne, enfonçant leurs éperons dans le flanc de leurs coursiers, viennent à toute bride au secours de leurs frères d'armes. Se couvrant de leurs boucliers, ils dispersent les Sarrasins à coups de lance et renversent tout ce qu'ils trouvent sur leur passage. Les ennemis se forment alors en deux bataillons et pensent pouvoir résister, mais en vain. Les Francs se précipitent de nouveau sur eux avec furie, et délivrent leurs compagnons de l'étreinte des cavaliers arabes. Là toutefois ils perdirent Achard de Montmerle, très brave chevalier, et quelques-uns de leurs hommes de pied. Les Turcs tournèrent le dos et prirent la fuite ; mais un grand nombre d'entre eux tombèrent sous les coups de lance de nos chevaliers, qui les poursuivirent jusqu'à une distance de quatre milles. Les nôtres s'emparèrent de cent trois chevaux, et retinrent vivant un Sarrasin, qui leur dévoila tous les projets de l'ennemi (2).

III. — Les croisés, pour donner l'assaut à Jérusalem, construisirent de grandes machines, c'est-à-dire de véritables châteaux

---

(1) ROBERT. MONACH., ap. *Historiens des Croisades : Historiens occidentaux*, T. III, p. 864.
(2) BALDERIC. DOLENS., *Patrolog.*, T. CLXVI, col. 1149.

en bois, du haut desquels ils pouvaient non-seulement combattre plus avantageusement l'ennemi, mais encore s'élancer, à l'aide de pont-levis, sur les remparts, et pénétrer ainsi dans la ville. Ils furent obligés d'aller chercher au loin le bois nécessaire à ces constructions, et les charpentiers de l'armée se mirent à l'œuvre. Godefroy de Bouillon et le comte de Toulouse construisirent chacun une machine à leurs frais. Celle de Raymond de Saint-Gilles s'élevait en face des remparts du midi. Mais, comme de ce côté un large fossé était creusé devant les murs de la cité sainte, le comte Raymond promit un denier à tous ceux qui y jetteraient trois pierres ; et, pendant trois jours et trois nuits, le peuple chrétien s'occupa à combler ainsi le fossé profond qui empêchait la machine de joindre le rempart. Les pontifes et les prêtres, revêtus de leurs ornements sacerdotaux, faisaient d'ardentes exhortations aux croisés pour relever leur courage ; ils les pressaient de venger Dieu des outrages qu'il recevait de la part des infidèles, « de délivrer le Christ, qui était de nouveau crucifié dans Jérusalem, et ils leur montraient combien il serait beau et glorieux de mourir pour le Christ dans cette ville où le Christ était mort pour eux ».

Donc, le mercredi 13 juillet, on commença à donner l'assaut à la ville. Le lendemain jeudi, la lutte dura toute la journée avec acharnement sans amener de résultat décisif. Le vendredi 15 juillet devait être une grande date dans l'histoire. Préparés par le jeûne et par la prière, fortifiés par la communion, les soldats du Christ, dès les premiers rayons du jour, reprennent l'assaut avec un courage incroyable. Ils s'avancent intrépides vers les assiégés, qui, du haut de leurs tours et de leurs murailles, font pleuvoir sur eux une grêle de traits et de pierres, des torches enflammées et du feu grégeois. Le comte de Toulouse fait rouler jusqu'au pied du rempart sa machine formidable. Mais, si l'attaque est ardente, la résistance est opiniâtre ; et, couverts de sueur et de sang, les croisés se sentent un instant découragés. Vers trois heures du soir de ce jour de vendredi, ils se rappellent que c'est à pareil jour et à pareille heure que le Christ est mort pour le salut du genre humain, et, sous l'impression de cette pensée, ils tentent un effort suprême. Aucun obstacle ne peut les arrêter. Les uns, du haut de leurs tours roulantes, jettent sur les remparts de grosses poutres, le long desquelles ils se glissent pour pénétrer dans la ville ; d'autres, au moyen d'échelles, escaladent les murailles ; d'autres, à coups de haches, enfoncent les portes. Godefroy de Bouillon et son frère Eustache entrent d'un côté ; de l'autre, Robert de Normandie et Robert de Flandre arrivent à la tête de leurs guerriers ; Tancrède, « furieux comme un lion rugissant », poursuit, l'épée nue, les infidèles, qui s'enfuient effarés dans le temple de Salomon, où ils sont immolés comme des victimes. Le comte de Toulouse, averti par les cris des Musulmans du triomphe de l'armée chrétienne, communique à ses soldats une nouvelle ardeur ; Raymond Pilet, Gouffier de Lastours, Guillaume de Sabran, Raymond de Turenne, se précipitent sur les Sarrasins, qui, s'enfuyant épouvantés, vont avec l'émir de Jérusalem se réfugier dans la tour de David.

Jusque-là les Musulmans s'étaient défendus avec un courage héroïque. Mais, quand ils virent que les Francs étaient entrés dans la ville, comprenant l'inutilité de leurs efforts, ils jetèrent bas les armes, et se laissèrent égorger sans résistance.

Exaspérés par la durée de la lutte, les chrétiens frappaient sans pitié tout ce qui se trouvait sur leur passage. Le carnage fut horrible. Les rues de la cité sainte étaient jonchées de cadavres et inondées de sang. « Nul ne sait, dit un historien, le nombre de ceux qui périrent ce jour-là. »

L'émir de Jérusalem, qui avait cherché un abri dans la tour de David, se rendit au comte de Toulouse, à la condition que lui et les siens seraient conduits sains et saufs jusqu'à Ascalon. Raymond de Saint-Gilles prit cet engagement et fut fidèle à sa parole ; de sorte que ceux-là échappèrent au massacre.

Après ce triomphe acheté par tant de périls, la joie des croisés fut immense. Ils avaient atteint leur but, ils étaient arrivés au terme de leurs labeurs, ils avaient délivré le Saint-Sépulcre. Ils lavèrent leurs mains teintes de sang, et s'en allèrent, pieds nus, vénérer le tombeau du Sauveur (1).

C'est le vendredi 15 juillet 1099 que Jérusalem fut délivrée du joug des infidèles.

IV. — Quatre semaines après, le vendredi 12 août, l'armée des croisés se couvrit d'une nouvelle gloire. Aguerris par trois années de fatigues et de combats, ces hommes de fer étaient devenus invincibles. Au nombre de mille chevaliers et de trente mille hommes de pied, ils allèrent au devant de trois cent

---

(1) BALDERIC. DOLENS., *Patrolog.*, T. CLXVI, col. 1141-1145. — *Museum Italicum.*, T. I, part II, p. 202.

mille Égyptiens qui venaient au secours de Jérusalem, et qu'ils rencontrèrent dans les plaines d'Ascalon. Ils étaient un contre dix : ils remportèrent une des victoires les plus éclatantes dont l'histoire fasse mention. Godefroy de Bouillon commandait l'aile gauche de l'armée ; au centre, se trouvaient Robert de Normandie, Robert de Flandre et Tancrède ; le comte de Toulouse était à la tête de l'aile droite, du côté de la mer. Ils s'élancèrent sur les Égyptiens, et « les fauchèrent comme des épis ». Trente mille ennemis restèrent sur le champ de bataille ; plus de deux mille furent étouffés en se pressant pour entrer dans la ville d'Ascalon ; quant à ceux que poursuivaient les guerriers du comte de Toulouse, et qui, en fuyant, allèrent se noyer dans les flots de la mer, on n'en saurait dire le nombre (1). Cette victoire d'Ascalon termina glorieusement la première croisade.

§ 7. — Retour des Croisés. — Légende du Lion fidèle. — Détails historiques sur Gouffier de Lastours et Raymond de Turenne.

I. — Après la prise de Jérusalem, la plupart des croisés, ayant accompli leur vœu, songèrent à rentrer dans leur pays. Ils firent de touchants adieux aux chevaliers qui restaient dans la Terre-Sainte, et versèrent des larmes sur ceux de leurs compagnons qu'ils laissaient dans l'exil. Raymond de Saint-Gilles voulut demeurer en Orient, où il mourut après quelques années d'une vie aventureuse. La plupart de ses chevaliers s'embarquèrent pour se rendre en Aquitaine en traversant l'Italie. Ils voulaient visiter Rome, afin de recevoir la bénédiction du pape Paschal, qui venait de succéder au grand pontife Urbain II. Dans toutes les villes où ils passaient, ils étaient reçus comme des triomphateurs, tenant à la main des palmes de l'Idumée, symbole et souvenir de leurs victoires ; et la foule empressée accourait au devant d'eux en chantant des cantiques (2).

II. — A propos de l'embarquement de Gouffier de Lastours, nous devons éclaircir, au point de vue critique, un fait raconté

---

(1) BALDERIC. DOLEM., *Patrolog.*, T. CLXVI, col. 1149. — ALBERIC. AQUENS., *ibid.* col. 569.
(2) « Palmas in signum victoriæ in manibus portantes. » (ALBERIC. AQUENS., lib. VI, cap. LIV. : *Patrolog.*, T. CLXVI, col. 564.)

par un grand nombre d'historiens. Dans un article sur la première croisade que le P. Labbe a intercalé dans la chronique de Geoffroy de Vigeois, on lit l'anecdote suivante, qui se rapporte à notre héros :

« Cet homme, digne de mémoire, dirigeait de fréquentes attaques contre les ennemis, auxquels il faisait subir continuellement de grandes pertes. Or il arriva qu'un jour il entendit les rugissements d'un lion qu'un serpent avait enlacé de ses replis monstrueux. Gouffier s'approche hardiment, [découpe ou tronçons le corps du reptile], et délivre le lion. Chose étonnante! le lion, se souvenant du bienfait qu'il avait reçu, le suivait comme un chien fidèle (1). Pendant tout le temps que Gouffier demeura dans la Terre-Sainte, ce lion ne le quitta jamais, et lui procura de grands avantages, soit à la chasse, soit dans les combats. Il le pourvoyait abondamment de venaison, et, d'un bond rapide, terrassait les ennemis de son maître. Quand le chevalier s'embarqua pour retourner dans son pays, le lion ne voulut pas le quitter ; et, comme les matelots, craignant la cruauté de cet animal, refusaient de le recevoir dans le navire, il suivit son maître à la nage, jusqu'à ce que, épuisé de fatigue, il disparut au milieu des flots (2). »

Ce fait a été raconté par un grand nombre d'historiens et d'écrivains. Au XIV° siècle, Bernard Guy le rapporte dans la Vie du pape Urbain II (3); on le lit dans les *Annales de Limoges* (4) et dans l'*Histoire des Croisades* du P. Maimbourg (5). Le P. Bonaventure, dans ses *Annales du Limousin* (p. 428), Nadaud, dans son *Nobiliaire* (6), n'ont pas manqué de le rappeler; et de nos jours, Michaud, dans son *Histoire des Croisades* (7), Rougier-Chatenet, dans sa *Statistique de la Haute-Vienne*

---

(1) Un lévrier (*leporarius*).
(2) Ap. LABBE, T. II, p. 282.
(3) Ap. MURATORI, *Rer. Ital. Script.*, T. III, p. 352.
(4) *Annales manuscrites de Limoges*, édition Ducourtieux, p. 145.
(5) P. MAIMBOURG, *Histoire des Croisades*, liv. II, Paris, in-4°, 1675, p. 180. Le P. Maimbourg cite la grande chronique de Flandre (*Magnum Chronicum Belgii, ad ann.* 1095). Cette chronique a été publiée dans les *Écrivains d'Allemagne*, par Pistorius.
(6) *Nobiliaire du diocèse et de la généralité de Limoges*, T. III, 1878, p. 42. Nadaud cite le P. Louis de Grenade comme ayant mentionné le fait.
(7) *Histoire des Croisades*, édition 1854, T. I, p. 196.

(p. 220), Marvaud, dans son *Histoire du Bas-Limousin* (T. Ier, p. 207), et dans son *Histoire des Vicomtes de Limoges* (T. Ier, p. 155), Bonnélye, dans son *Histoire de Tulle* (T. II, p. 70), enfin l'abbé Darras, dans sa grande *Histoire de l'Eglise* (1), ont rapporté ce fait sans émettre un doute sérieux sur son authenticité.

III. — Faut-il voir dans ce récit du lion fidèle un fait historique ou une légende fabuleuse ? — Nous trouvons bien, dans les historiens des Croisades, des exemples de lions apprivoisés (2) : mais un lion apprivoisé subitement par un sentiment de reconnaissance, et allant à la chasse pour les besoins de son maître, voilà un phénomène qui n'est pas naturel et qui est en dehors de toute vraisemblance. Nous l'accepterions néanmoins, quelque merveilleux qu'il soit, s'il était garanti par un témoin authentique et par un historien contemporain. Mais, loin de là, ce fait n'est raconté que dans une note anonyme sur la première croisade, qui se trouve transcrite à la suite de la chronique de Geoffroy de Vigeois (terminée en 1183), et après une autre note sur la mort de Richard Cœur-de-Lion, rédigée en l'an 1200 (3) ; de sorte que ce récit merveilleux sur le lion de Gouffier de Lastours est au moins postérieur d'un siècle à la première croisade. C'est donc là non pas un fait historique, mais une légende, qui a sa source, à notre avis, dans les sculptures qui ornaient la tombe de Gouffier de Lastours, sur laquelle on voyait, aux pieds du chevalier et de son épouse, un lion et un serpent de même grandeur.

Nous lisons en effet dans le P. Bonaventure : « Un manuscrit de Lastours envoyé à M. Justel parle de son tombeau et de sa famille en ces termes : « Aux chapelles basses du Chalard, qui
» sont sous terre en voûte, est un tombeau en vase (4) ; la pierre
» de dessus, fort blanche, telle qu'au païs n'y en a de semblable,
» de sept pieds de long et quatre de large, épaisse de dix

---

(1) *Histoire de l'Eglise*, T. XXIII, p. 572, 573.
(2) « Rex Baldewinus.... leones duos domitos et sibi gratissimos imperatori pro munere misit. » (ALBERIC. AQUENS., lib. VIII, cap. XLVII : *Patrolog.*, T. CLXVI, col. 638.)
(3) *Bibliothèque Nationale*, fonds latin, mss. 12,894 et 12,895.
(4) C'est-à-dire en forme de sarcophage. Dans l'inscription qui se trouve à l'intérieur du tombeau de Saint-Junien, le sarcophage qui renfermait les reliques est appelé vase (in ipso vase in quo prius conditum fuit).

» pouces, entourée de tours, de roses et de fleurs de lys ; au-
» dessus un homme armé gravé ayant un écu, et dedans trois
» tours et fleurs de lys ; à ses pieds un lion, à côté une femme,
» à ses pieds un serpent de la grandeur du lion à peu près, et
» il y a écrit autour : *Hic jacet Dominus Gulpherius de Tur-*
» *ribus et de Nexonio, et Dominus Guido et Gulpherius filii*
» *ejus et genus suum, qui elegerunt ad opus sui et suorum*
» *sepulturam. Animæ eorum per misericordiam Dei re-*
» *quiescant in pace!* C'est-à-dire : *Ici gît Gouffié de Lastours*
» *et de Nexon, et le seigneur Guy et Gouffié ses enfants et*
» *sa race, qui ont choisi ici leur sépulture. Que leurs âmes*
» *par la miséricorde de Dieu reposent en paix!* » (T. III,
p. 429.)

» Le contexte et les armoiries figurées sur cette tombe
prouvent qu'elle était de beaucoup postérieure à la mort du
guerrier dont elle recouvrait les cendres (1). »

Nous pensons que cette effigie, avec l'inscription et les
armoiries qui l'accompagnent, n'a été placée qu'à la fin du
XIIe ou au XIIIe siècle sur le tombeau du héros des croisades. Il
est vrai que Guy, son fils, est mort à Jérusalem en 1148 : mais
on a pu transporter son corps en Limousin, et cela n'est pas
sans exemple (2). C'est à un de ses descendants, qui était
seigneur de Lastours et de Nexon, que serait dû ce mausolée.

Ce chevalier tenant un écu orné de trois tours et de fleurs de
lys est donc probablement l'illustre Gouffier ; cette femme qui
est à côté de lui serait sans doute sa noble épouse, Agnès d'Aubusson ; quant au lion et au serpent de même grandeur qui
étaient à leurs pieds, que signifient-ils ? L'artiste qui les sculpta
a-t-il voulu symboliser la force et la prudence du héros limousin
de la première croisade ? a-t-il voulu rappeler ses exploits
militaires, et traduire ces paroles du Psalmiste : « *Et conculcabis*
leonem et draconem, — Vous foulerez aux pieds le lion et le
dragon ? » Peut-être. Quoi qu'il en soit, un touriste du XIIIe siècle,
cherchant à s'expliquer ces sculptures, aura vu là, non pas
des symboles, mais un souvenir des exploits réels de Gouffier, et aura imaginé la légende du lion délivré des étreintes

---

(1) L'abbé TEXIER, *Inscriptions du Limousin*, p. 135.
(2) Guillaume Vidal apporta de Jérusalem les ossements de sa femme,
morte en Orient. (GAUFRED. VOSIENS., ap. LABBE, T. II, p. 288.)

du serpent et restant fidèle à son libérateur jusqu'à la mort. Sans doute la légende est belle, mais le fait historique est plus que douteux.

IV. — De retour en Limousin, Gouffier de Lastours, voulant faire hommage de ses trophées à l'apôtre de l'Aquitaine, donna au monastère de Saint-Martial cinq étendards qu'il avait conquis sur les Sarrasins. C'est ce que nous conjecturons d'un passage de Geoffroy de Vigeois, où il est dit que, « le jour des Rameaux, les moines de Saint-Martial, vêtus d'aubes blanches, portaient en procession l'image en or du Sauveur qu'on appelle *la Morène*(1), et cinq étendards précieux, qu'on appelait « la bannière de Gouffier de Lastours » (2).

Dans la guerre de Jérusalem, Gouffier avait acquis un anneau d'un grand prix, orné sans doute de riches diamants, que le vicomte de Limoges Adémar l'Ancien exigea de lui par adresse. Le fils d'Adémar, le vicomte Guy, avait hérité cet anneau de son père, et, quand il mourut à Jérusalem (1148), il légua cet anneau à son frère Aymar (3). Sous quel prétexte et par quelle ruse Adémar l'Ancien enleva-t-il cet anneau à Gouffier de Lastours ? C'est ce que le chroniqueur de Vigeois ne dit pas.

Gouffier avait aussi apporté de Jérusalem de magnifiques tapisseries, dont il avait orné, au château de Pompadour, les murs d'une tour qui portait son nom (4).

---

(1) Que signifie ce mot de *Morène* qui était donné également à l'image de saint Étienne, premier martyr, qu'on possédait à la cathédrale, et à l'image du Sauveur, qu'on possédait à Saint-Martial? — Dans notre *Étude sur Adémar de Chabannes* (p. 19), nous avons dit que la merveilleuse châsse qu'Étienne, septième abbé de Saint-Martial, plaça sur l'autel de cette église, s'appelait *Monerum*, mot grec qui veut dire *unique, non-pareille* : nous pensons que le mot *Morenam* vient, par corruption, de *Monerum*. Et en effet Bernard Itier (p. 287) appelle *la Morena* cette châsse merveilleuse que l'abbé Étienne, d'après Adémar, avait appelée *Monerum*. Du Cange pense que ce mot signifie là un pavillon qui couvrait l'autel : mais il se trompe, car un pavillon n'est pas portatif.

(2) « Monachi S. Martialis candidati confluunt cum *Morena* Salvatoris aurea, et capsa beati Austricliniani, præter ornamenta plurima, vexilla quinque pretiosa, quæ appellantur Bannum Gulferii de Turribus. » (Ap. LABBE, T. II, p. 312.)

(3) *Chronic.* GAUFREDI, ap. LABBE, T. II, p. 307.

(4) GAUFRED. VOSIENS., ap. LABBE, T. II, p. 340.

V. — Gouffier fut un des fondateurs de l'abbaye de Dalon, située dans la paroisse de Segonzac (aujourd'hui diocèse de Tulle). L'an 1114, le vénérable Géraud de Salles (*de Salis*), fondateur de l'abbaye de Cadouin en Périgord, voulut établir en Limousin une maison de son ordre : Gouffier et son frère aîné Gérald firent don au vénérable abbé du territoire désert et de la forêt de Dalon, dont ils étaient seigneurs par droit héréditaire. Géraud de Salles bâtit un monastère au milieu de cette forêt; et, dans une assemblée où se trouvaient Guillaume, évêque de Périgueux, Maurice, abbé de Solignac, Guy, abbé de Tartoire, avec Gérald et Gouffier de Lastours, l'évêque de Limoges, Eustorge, confirma cette donation. On trouve dans le *Gallia Christiana* deux chartes qui relatent ces faits, et dont l'une est ainsi conçue : « Moi, Gérald de Lastours, et moi Gouffier, son frère, pour le salut de nos âmes et de celles de nos parents, nous donnons à Dieu, à la bienheureuse Marie, et au vénérable père dom Géraud de Salles, tout ce que nous avons ou que quelqu'un de nous possédait dans la forêt de Dalon » (1). Gouffier, son épouse Agnès, ses fils Guy et Olivier, et d'autres membres de cette famille, firent en divers temps des présents considérables à cette abbaye (2).

VI. — Gouffier de Lastours eut en partage la châtellenie d'Hautefort, qu'il possédait en 1126 (3); la même année, il passa un accord avec Eustorge, évêque de Limoges, touchant l'église d'Objat (4). Les enfants de sa race et ceux de son fils Olivier devaient recevoir à perpétuité l'hommage de tous les chevaliers de Lastours (5).

Il fut inhumé dans une chapelle basse de l'église du Châlard, qu'il avait contribué à bâtir, et dans laquelle reposait aussi son ami le bienheureux Geoffroy, fondateur de ce monastère. Le tombeau dont nous avons rapporté l'inscription paraît postérieur à l'époque de sa mort. Toutefois Justel, le P. Bonaventure, dont nous avons cité les témoignages, Collin, dans sa *Table chro-*

---

(1) *Gallia Christiana*, T. II, instrum., col. 201, 202. — P. BONAVENT., T. III, p. 446. — MABILLON, *Annal. Benedict.*, lib. LXXII, n° LXXVIII.
(2) P. BONAVENT, T. III, p. 446. — *Gallia Christ.*, T. II, col. 634.
(3) NADAUD, *Nobiliaire Limousin*, T. III, p. 45.
(4) SIMPLIC., T. VII, p. 386.
(5) GAUFRED. VOSIENS., ap. LABBE, T. II, p. 341.

nologique (1), s'accordent à placer sa sépulture au Châlard. C'est à tort que M. Marvaud, dans son *Histoire des Vicomtes de Limoges* (T. Ier, p. 156), et M. Bonnélye, dans son *Histoire de Tulle* (T. II, p. 72), prétendent que Gouffier a été inhumé dans l'église d'Arnac. Ces deux écrivains, pour contredire Justel et le P. Bonaventure, s'appuient sur la chronique de Geoffroy de Vigeois ; mais, s'ils avaient lu cette chronique avec plus d'attention, ils auraient vu que ce Gouffier de Lastours qui fut inhumé dans l'église d'Arnac n'était pas le héros des croisades, mais seulement son petit-fils. En effet, il mourut en 1179, comme il résulte des détails donnés par le chroniqueur (2) ; il était âgé de trente-trois ans, et était né par conséquent en 1146 ; il y avait douze ans qu'il était revêtu du ceinturon de la milice, c'est-à-dire qu'il avait été fait chevalier à l'âge de vingt-et-un ans, en 1167. Or ce Gouffier n'était que le petit-fils de Gouffier l'Ancien, qui se fit un grand nom au siége de Marrah.

En effet, nous lisons dans la chronique de Vigeois (3) que Gouffier de Lastours duquel il est fait mention dans la guerre de Jérusalem avait épousé Agnès, fille de Ranulphe d'Aubusson, qui lui avait porté en dot la moitié du château de Gimel. De ce mariage il eut trois enfants : 1° Gouffier, qui fut blessé à Limoges, et mourut dans le monastère de Saint-Martial, le 3 des nones de mars (5 mars) ; 2° Olivier, qui suit ; 3° Guy, qui mourut à Jérusalem, quand le roi Louis (VII, dit le Jeune) s'y rendit (1147).

Olivier de Lastours, second fils de Gouffier et d'Agnès d'Aubusson, épousa Almodis, fille d'Archambaud le Barbu, vicomte de Comborn ; il eut plusieurs enfants de ce mariage, dont deux seulement survécurent : 1° Agnès, mariée à Constantin de Born, frère du célèbre Bertrand de Born (4) ; 2° Gouffier, qui épousa

---

(1) V^e colonne, XIe siècle.

(2) Il mourut un lundi, le cinq des ides d'avril (9 avril), neuf jours après Pâques. Ces détails indiquent l'année 1179, où Pâques tombait le 1er avril, et où le 9 avril était un lundi. (Voir *l'Art de vérifier les dates*.) — GAUFRED. VOSIENS., ap. LABBE, T. II, p. 260.

(3) GAUFRED. VOSIENS., ap. LABBE, T. II, p. 262.

(4) Constantin de Born eut d'Agnès, fille d'Olivier, un fils qui s'appela aussi Gouffier, et que Guy, vicomte de Limoges, fit périr (ap. LABBE, *ibid.*); et Bernard Itier place en 1210 la mort d'un autre Gouffier de Lastours, fils de Constantin de Born, et inhumé à Alassac. (BERNARD ITIER, édit. DUPLÈS-AGIER, P. 75).

Girarde de Mirabel, et qui mourut sans enfants, à Vigeois, le 9 avril 1179. C'est ce dernier qui fut inhumé à côté de sa mère dans l'église d'Arnac, et que MM. Marvaud et Bonnélye ont pris pour le héros des croisades.

VII. — Raymond de Turenne, quand il fut de retour de la croisade, fit beaucoup de largesses aux monastères de son pays. L'an 1103, à l'occasion de la mort de sa mère Gerberge, qui fut inhumée devant la porte principale de l'église de Tulle, Raymond donna à ce monastère trois manses situés dans la forêt de Roë (1). Ces manses sont ceux de Chansilva (Saint-Silvain), de la Rivière et de Viers (2).

L'an 1105, il donna au même couvent, pour l'âme de Guillaume, son père, le manse de Salesse, appelé Auriol (3).

Vers l'an 1106, le vicomte Raymond et Geoffroy de Salaignac renoncèrent, en faveur du monastère d'Userche, à tous les droits qu'ils pouvaient avoir sur l'église de Turenne ; Raymond donna au même monastère une borderie et trois manses situés à Saint-Pantaléon, et il confirma toutes les donations que son père avait faites au monastère de Nadaillac (4).

L'an 1116, le 5 des ides de mars, il donna au monastère de Tulle le manse appelé *de la porte de Saliac*. Ce dernier acte fut fait solennellement en présence de quelques chevaliers du vicomte, savoir Raynaud de la Génébriéra, Eustorge de Chalm et Elie de Tulle (5).

« Comme pieux souvenir de son expédition en Terre-Sainte, il fonda une léproserie à Nazareth, près de Turenne. On y voit encore des bâtiments où séjournèrent dans la suite les chevaliers du Temple, et un hôpital, appelé Jaffa, qui fut connu plus tard sous le nom d'hôpital Saint-Jean (6). »

Raymond de Turenne avait épousé Mathilde, fille de Rotrou, comte du Perche, et de Mabaut d'Angleterre (7). Un grand nombre

---

(1) BALUZE, *Histor Tutel.*, p. 115, 449.
(2) Paroisse de Corrèze. (BONNÉLYE, *Histoire de Tulle*, T. II, p. 68, 69.)
(3) Paroisse de la Chapelle-aux-Bros. (BONNÉLYE, *ibid.*)
(4) COMBET, *Histoire d'Userche*, p. 62. — BONNÉLYE, *Histoire de Tulle*, p. 69.
(5) BALUZE, *Histor. Tutel.*, p. 35, 467. — NADAUD, *Nobiliaire Limousin*, T. IV, p. 294.
(6) BONNÉLYE, *Histoire de Tulle*, T. II, p. 69.
(7) NADAUD, *Nobiliaire Limousin*, T. IV, p. 294.

de ses descendants devaient, pendant tout le cours du moyen âge, se distinguer dans la carrière des armes, et, dans les temps modernes, le grand Turenne devait ajouter à ce nom un éclat immortel.

§. 8. — Béchade de Lastours et son Histoire de la première Croisade.

D'après Geoffroy de Vigeois, le chevalier Grégoire, surnommé Béchade, du château de Lastours, avait composé une Histoire de la première Croisade. Voici le texte de sa chronique, qui a besoin de quelques éclaircissements :

« *Gregorius*, cognomento Bechada, de castro de Turribus, professione miles, subtilissimi ingenii vir, aliquantulum imbutus litteris, horum gesta præliorum, materna, ut ita dixerim, lingua *rytmo* vulgari, ut populus pleniter intelligeret, ingens volumen decenter composuit; et, ut vera et *faceta* verba proferret, duodecim annorum spatio super hoc opus operam dedit. Ne vero vilesceret propter verbum vulgare, non sine præcepto episcopi Eustorgii, *et consilio Gauberti Normanni* hoc opus agressus est (1). »

Essayons de traduire ce passage :

« *Grégoire*, surnommé Béchade, chevalier de profession, homme d'un esprit très fin, et tant soit peu versé dans les lettres, écrivit les hauts faits de ces batailles dans sa langue maternelle, pour ainsi parler, en *rhythme vulgaire*, afin d'être parfaitement compris du peuple. Il composa sur ce sujet un gros et bon volume ; et, afin d'unir dans son récit l'élégance et la vérité, il travailla à cet ouvrage pendant l'espace de douze ans. Et, comme il craignait que cet ouvrage ne fût pas apprécié, parce qu'il était écrit en langue vulgaire, il ne l'entreprit que sur l'ordre de l'évêque Eustorge, et d'après le conseil de Gaubert le Normand. »

---

(1) Ap. Labbe, T. II, p. 296. — Voici les variantes qu'offrent deux manuscrits de la Bibliothèque Nationale, d'après une bienveillante communication de M. Molinier, élève de l'École des Chartes : Mss. 13895 (ancien Saint-Germain) : *subtilissimum* ingenii vir. — Mss. 13894 et 13895 : *ut ita dicam, dixerim*. — 13895 : *ritius* (comparatif de *rite*), au lieu de *ritmo*, qu'on lit dans le ms. 13894. — *Santa*, au lieu de *faceta* dans le r... 13894. — Les mots « *Et consilio Gauberti Normanni* » manquent dans les deux manuscrits.

Citons d'abord ce que dit sur ce sujet dom Rivet, dans l'*Histoire littéraire de la France* :

« Ce grand ouvrage était de la façon du chevalier Grégoire Béchade, du château de Lastours en Limousin, homme de baucoup d'esprit et qui avait quelque littérature. L'histoire de la première croisade et la délivrance de Jérusalem furent les deux objets que l'auteur s'y proposa. S'il n'avait pas été lui-même témoin de ce qu'il rapportait, il l'avait incontestablement appris de Gouffier, son frère aîné, qui avait été de cette guerre, et qui revint en son pays en l'année 1100, après la prise de Jérusalem par l'armée chrétienne.

» Béchade, pour l'exécution de son dessein, choisit la langue vulgaire de son pays en faveur du simple peuple, et le genre de poésie, qui était dès lors plus goûté en cette langue que la prose. Mais, afin de rendre son écrit aussi parfait qu'il pouvait être, il employa douze ans, tant à le composer qu'à le retoucher et le polir. Il voulut même, pour lui concilier plus de créance dans le public, qu'il parût qu'il ne l'avait entrepris que par l'ordre d'Eustorge, évêque diocésain, et de l'avis d'un nommé Gaubert de Normandie. Eustorge fut évêque de Limoges (*Gall. Christ.*, II, 522) depuis 1106 jusqu'en 1137, et il n'est pas croyable que notre poète attendit jusque vers la fin de son épiscopat à instruire les gens de son pays d'événements aussi intéressants et arrivés dès 1099 (1). »

Les Bénédictins qui ont continué l'œuvre de dom Rivet ajoutent : « M. de la Ravalière (*Obs. sur les mod.*), parlant de cette production de Béchade dans le premier tome des poésies du roi de Navarre, dit que c'est donc le premier poème français, comme *la Henriade* en est le dernier. L'ouvrage de Béchade ne nous est connu que par la chronique de Geoffroy du Vigeois; et, s'il existe, on ne l'a pas encore découvert... En supposant, comme il est très croyable, que Béchade entreprit l'histoire de la croisade vers le commencement de l'épiscopat d'Eustorge, c'est-à-dire vers l'an 1106, et, y ayant employé douze ans, il a pu le publier en 1118 pour le plus tôt. Collin (*Lemov. illust.*, p. 10) croit qu'il le finit en 1120 (2). »

1. — Ce passage de Geoffroy de Vigeois renferme plusieurs

---

(1) Dom Rivet, *Hist. littér. de la France*, T. VII, p. LXII.
(2) *Histoire littéraire de la France*, T. X, p. 403.

difficultés. D'abord nous trouvons deux questions à éclaircir dans ces premières paroles du texte : « *Gregorius, cognomento Bechada, de castro de Turribus, professione miles...* ».

1re *Question.* — Grégoire, surnommé Béchade, du château de Lastours, qui était chevalier, était-il parent de Gouffier de Lastours ?

On ne peut guère en douter. En effet, l'aïeul de Gouffier, c'est-à-dire Guy de Lastours (Ier *du nom*), qui avait bâti le fort de Pompadour pour se défendre contre le vicomte de Ségur, possédait plusieurs châteaux, entre autres celui de Lastours, dont il avait pris le nom, et ceux de Terrasson et d'Hautefort (1). La chronique de Vigeois, où nous puisons ces détails, dit, après avoir parlé de Béchade de Lastours, que « le seigneur de ce château de Lastours était Gouffier, qui se fit un grand nom dans la guerre de Jérusalem (2) ». De ces paroles on peut conclure, de prime abord, que Béchade était proche parent de Gouffier. Comment supposer en effet qu'il y eût dans le même château, à la même époque, deux familles différentes de chevaliers ? Aussi dom Rivet, dans l'ouvrage que nous avons cité, pensait-il que Gouffier était « le frère aîné » de Béchade ; et les Bénédictins limousins qui ont continué l'*Histoire littéraire*, dom Poncet et dom Colomb, disent aussi, en parlant de Béchade de Lastours, qu'il « étoit peut-être frère ou fils du chevalier Geoffroy (*lisez* Gouffier) de Lastours, qui se distigua dans la première croisade par sa valeur et ses grandes actions (3) ». Mais ni dom Rivet ni les autres Bénédictins n'ont cherché à éclaircir la question en étudiant la généalogie de Gouffier de Lastours.

Or voici ce que nous lisons dans la chronique de Vigeois au sujet de cette généalogie : « Guy de Lastours (IIe *du nom*), époux d'Agnès, sœur du seigneur de Chambon-Sainte-Valérie, eut trois fils : Guy l'aîné (IIIe *du nom*), qui mourut à Jérusalem ; Gérald et Gouffier, célèbre dans la guerre sainte (4) ». Gouffier n'est donc pas l'aîné, mais le troisième des fils de Guy de

---

(1) Gaufred. Vosiens., ap. Labbe, T. II, p. 281.
(2) *Id., ibid.*, p. 296.
(3) *Histoire littéraire de la France*, T. X, p. 403.
(4) Gaufred. Vosiens., ap. Labbe, T. II, p. 282.

Lastours et d'Agnès de Chambon, et il n'a pas de frère du nom de Grégoire.

L'exactitude de cette généalogie, donnée par Geoffroy de Vigeois, nous est garantie par deux chartes du Cartulaire de Beaulieu antérieures à la première croisade. On lit dans une de ces chartes : « Moi, Guy, fils de Guy de Lastours, et Gérald, mon frère, avec notre mère Agnès et notre autre frère Gouffier (1)... ». On lit dans la charte suivante : « Voici le don que firent de nouveau Guy de Lastours et ses frères Gérald et Gouffier, de l'église de Favars (2) ». Gouffier avait donc deux frères, qui s'appelaient Guy et Gérald ; il n'en avait pas du nom de Grégoire.

Guy, l'aîné, étant mort à Jérusalem, les deux autres frères, quelques années après leur retour de la croisade, fondèrent ensemble l'abbaye de Dalon, non loin d'Hautefort, château qui appartenait à leur famille : or les chartes de fondation que nous avons eu l'occasion de citer commencent ainsi : « Moi Gérald de Lastours et Gouffier, son frère... ». Donc Gouffier, à l'époque où le chevalier Béchade écrivait son histoire de la croisade, avait un frère qui s'appelait Gérald, et n'en avait pas du nom de Grégoire.

« Mais, dira-t-on, peut-être Grégoire, surnommé Béchade, du château de Lastours, noble chevalier, était-il le fils de Gouffier? » — Non, sans doute, car dans la généalogie déjà citée nous lisons que Gouffier eut, de son mariage avec Agnès d'Aubusson, trois fils : — Gouffier, qui fut blessé à Limoges et mourut dans le monastère de Saint-Martial, — Olivier, — et Guy (IV° *du nom*) : il n'a pas de fils appelé Grégoire.

Après ces éclaircissements, il nous reste à examiner un autre point.

---

(1) « Ego Guido, qui filius fui Guidonis del Lastors, et Gerardus frater meus et mater nostra Agnes, cum alio fratre nostro Gulferio. » (MAXIMIN DELOCHE, *Cartulaire de l'abbaye de Beaulieu* (*en Limousin*), in-4° : Imprimerie impériale, 1859, p. 34, charte XIV.)

(2) « Hoc est donum quod iterum fecerunt Guido del Lastors et fratres sui, Geraldus et Golferius, de ecclesia Favars. » (MAXIMIN DELOCHE, *Cartulaire de l'abbaye de Beaulieu*, charte XV, p. 35.) On trouve dans cette charte la signature de Géraud Malefaïde, dont le nom, comme nous l'avons vu, est cité par un historien de la première croisade (p. 36).

2ᵉ Question. — Grégoire, surnommé Béchade, du château de Lastours, chevalier, ne serait-il pas le même que le chevalier Gérald de Lastours, un des frères aînés de Gouffier ? et le nom de Grégoire ne serait-il pas une faute de copiste pour Gérald ?

Nous sommes d'autant plus autorisé à regarder comme douteux ce nom de Grégoire, qu'il était tout à fait inusité dans nos contrées à cette époque. En effet, on y rencontre, aux XIᵉ et XIIᵉ siècles, un grand nombre de personnages appelés Gérald : on n'en voit aucun, — mais aucun, — qui porte le nom de Grégoire. Il faut, pour trouver ce nom, aller jusqu'en Italie, et s'élever jusqu'au pape Grégoire VII. La substitution du nom de Grégoire à celui de Gérald s'expliquerait par ce fait que, dans le manuscrit original, le nom de Gérald n'étant désigné que par l'initiale G, selon la coutume de cette époque, un copiste ignorant aura traduit cette lettre G par le nom propre *Gregorius*, que d'autres ont traduit par le mot *Georgius ;* car Béchade a été aussi appelé de ce nom par quelques écrivains (1). Plusieurs autres fautes du même genre existent dans l'édition que le P. Labbe a donnée de la Chronique de Vigeois : pour n'en citer qu'un seul exemple, la mauvaise leçon de *Radulphe* de Périgueux, au lieu de *Raynaud*, a fait commettre de lourdes erreurs aux savants auteurs du *Gallia Christiana*. Or, comme Gouffier de Lastours avait un frère aîné qui est appelé Gérald dans cinq ou six documents authentiques, nous pouvons croire que Béchade, du château de Lastours, chevalier, s'appelait Gérald, et non Grégoire ; qu'il était le frère de Gouffier, seigneur du château de Lastours, et que la substitution du nom de Grégoire à celui de Gérald est la faute d'un copiste, qui aura mal interprété l'initiale de ce nom.

Et ce qui démontre qu'il en est ainsi, c'est que, dans la Vie du bienheureux Geoffroy du Châlard, publiée de nos jours par M. Auguste Bosvieux, le chevalier Béchade, qui était, comme Gouffier de Lastours, l'ami du bienheureux Geoffroy, est appelé Gérald, et non pas Grégoire. Nous lisons en effet dans cette Vie que « Gérald Béchade, éminent chevalier », assista, le 28 janvier 1089 (six ans avant la prédication de la première croisade), à la messe que le bienheureux Geoffroy célébra sur la colline du

---

(1) MARVAUD, *Histoire du Bas-Limousin*, T. I, p. 209. — COMBET, *Histoire de la ville d'Uzerche*, 2ᵉ livraison, 1854, p. 63.

Châlard, et qu'il persuada au chapelain (curé de Ladignac d'y conduire son peuple (1).

Le savant éditeur de la Vie du bienheureux Geoffroy, qui n'avait pas dans les mains autant de preuves que nous, M. Auguste Bosvieux, avait tiré la même conclusion, et donné à Béchade le nom de Gérald : « Quoique la Chronique de Vigeois, dit-il, désigne ce chevalier-poète sous le nom de Grégoire, nous aimons mieux accepter la version de notre agiographe, parce que, étant voisin du château du chevalier, il a pu être mieux renseigné que le moine de Vigeois, et aussi parce que le nom de Gérald est un nom très commun en Limousin à cette époque, tandis que le nom de Grégoire y est à peu près inconnu au même temps (2) ». A ces raisons données par M. Bosvieux nous en ajoutons une autre : c'est que dans cinq ou six documents contemporains le frère de Gouffier est appelé Gérald, et non pas Grégoire.

Donc une première correction à faire au texte précité de Geoffroy de Vigeois est celle-ci : « Gérald (au lieu de *Grégoire*), surnommé Béchade, du château de Lastours, chevalier ».

« Mais, nous objectera-t-on, l'identité de Gérald Béchade, du château de Lastours, avec Gérald de Lastours, frère aîné de Gouffier, est loin d'être prouvée : en effet, ces paroles *du château de Lastours* « font présumer que Béchade n'était pas de cette famille, mais qu'il s'y trouvait attaché par un service quelconque (3) ».

Nous répondrons que Béchade était chevalier (*professione miles*), et même, d'après la Vie du bienheureux Geoffroy, très noble chevalier (*egregius miles*) : or cette dignité de chevalier ne s'accorde pas avec les services d'un ordre inférieur que l'on suppose, services qui étaient le lot des simples écuyers. Ces mots *de castro de Turribus* doivent donc s'entendre de ceux qui étaient de la famille, qui possédaient le château, et non de ceux qui l'habitaient pour un service quelconque. Nous trouvons, en

---

(1) « Geraldus itaque, miles egregius, Becada cognominatus, etc. »(*Vita B. Gaufredi Castaliensis*, ap. *Société des sciences archéolog. de la Creuse*, T. III, 1859, p. 85.

(2) AUGUSTE BOSVIEUX, *Société des sciences archéolog. de la Creuse*, T. III, p. 132.

(3) ALLOU, *Monuments de la Haute-Vienne*, p. 15.

effet dans la Chronique de Vigeois d'autres exemples de cette même expression employée dans le même sens : « *Alboinus, de castro Malomorlensi, ex equestri prosapia ortus* (1) ».

On pourrait nous faire une autre objection : « Si Gérald surnommé Béchade, du château de Lastours, était le même personnage que Gérald de Lastours, frère de Gouffier, on devrait trouver parmi ses enfants un Pierre Béchade de Lastours, abbé d'Userche de l'an 1108 à l'an 1113, qui, d'après l'ancien auteur de l'Histoire de ce monastère, était de la famille de ces chevaliers de Lastours, surnommés Béchade (2), et qui devait être assez jeune, puisqu'on le dit assez léger de conduite (3) : or, dans la généalogie de la famille de Lastours, Geoffroy de Vigeois ne mentionne que deux fils de Gérald, savoir : Guy et Séguin (4), et ne parle pas d'un fils appelé Pierre.

— Nous répondrons que, dans cette généalogie de la famille de Lastours, le moine Geoffroy a mentionné seulement ceux des fils de Gérald qui, s'étant mariés, ont continué la filiation, et a passé sous silence les autres enfants. Ce Pierre Béchade de Lastours, qui était de la famille d'après l'auteur que nous avons cité, pouvait être ou un troisième fils de Gérald, oublié à dessein dans la généalogie, ou le fils d'une de ses filles, car nous voyons que, à cette époque, les enfants prenaient quelquefois le surnom de leur mère : ainsi un fils de Constantin de Born et d'Agnès de Lastours, dont Bernard Itier rapporte la mort à l'an 1210, s'appelait, d'après lui, Gouffier de Lastours (5).

Les indications très précises de la Chronique de Geoffroy de Vigeois, rapprochées de celles que donne la Vie du bienheureux Geoffroy, montrent donc l'identité du chevalier Gérald Béchade, du château de Lastours, et du chevalier Gérald de Lastours, frère du célèbre Gouffier.

---

(1) GAUFRED. VOSIENS., ap. LABBE. T. II, p. 298.

(2) « Eodem anno (MCVIII) electus est Petrus Bechada, monachus S. Petri Usercensis, qui de illis militibus fuit qui Bechadæ dicuntur. » (Ap. BALUZE, *Histor. Tutel.*, col. 842.)

(3) BALUZE, *Hist. Tutel.*, col. 842. — GAUFRED. VOSIENS., ap. LABBE. T. II, p. 298. — *Gallia Christ.*, T. II, col. 589.

(4) Ap. LABBE, T. II, p. 281.

(5) BERNARD ITIER, édit. DUPLÈS-AGIER, p. 75. — GAUFRED. VOSIENS., ap. LABBE, T. II, p. 282.

II. — Ce passage de Geoffroy de Vigeois renferme une autre difficulté relative à l'ouvrage de Béchade de Lastours : « Cet homme, ajoute le chroniqueur, d'un esprit très fin (*subtilissimi ingenii vir*), écrivit les hauts faits de ces batailles dans sa langue maternelle, pour ainsi dire en rhythme vulgaire (*ritmo vulgari*), afin d'être parfaitement compris du peuple ».

Dom Rivet, puis les Bénédictins qui ont continué l'*Histoire littéraire de la France*, et une foule d'autres écrivains, s'appuyant sur ces paroles *ritmo vulgari*, ont supposé que cette histoire de la première croisade, en langue romane, était écrite en vers : que c'était une épopée en langue limousine, notre plus ancien poème épique, et que Grégoire Béchade, comme on l'appelait, était un précurseur du Tasse, et tout à la fois un brave chevalier et un gai troubadour.

« Gérald Béchade, a dit M. Bosvieux, est un phénomène littéraire du moyen âge. Dans un siècle où la poésie nationale n'avait pas d'autres représentants que les troubadours ou les trouvères, il a su se faire une place à part entre les deux camps, sans appartenir exclusivement ni à l'un ni à l'autre. Troubadour par son idiôme, mais trouvère par le sujet qu'il a traité, il est le plus ancien, ou, pour mieux dire, le seul auteur connu d'une épopée en langue romane. Comme le Tasse, mais bien avant lui, il avait chanté la Jérusalem délivrée, et composé sur la première croisade un long poème, qui, au détriment de la science, ne nous a pas été conservé... L'auteur écrivait au commencement du XIIe siècle : et, d'un autre côté, la Vie de saint Geoffroy nous le montre assistant, le 28 janvier 1089, à la première messe célébrée par le saint sur la colline du Châlard (p. 85). On peut raisonnablement conclure, d'après ces dates, que Gérald Béchade avait cessé de vivre lorsqu'aucun des troubadours que nous connaissons n'était encore né, et qu'il est le plus ancien poète de la langue limousine, comme il en est le seul poète épique (1). »

Cette appréciation est très glorieuse pour la littérature limousine, et nous avouons avoir partagé l'opinion de M. Bosvieux et des écrivains qui l'ont précédé, car nous avons écrit quelque part : « Quel dommage que ce poème, un des plus anciens monuments de la langue limousine, soit aujourd'hui perdu ! L'ouvrage de ce précurseur du Tasse méritait un meilleur sort. »

---

(1) *Société des sciences archéolog. de la Creuse*, T. III, p 133.

Aujourd'hui, après une étude plus approfondie de la question, nous sommes forcé de reconnaître que l'existence de cette épopée en langue limousine ne se base que sur un mot douteux et probablement mal transcrit du texte de Geoffroy de Vigeois. En effet, tous les manuscrits de cette chronique ne donnent pas la même leçon, comme on peut s'en assurer par l'étude des deux exemplaires que possède la Bibliothèque nationale. D'abord remarquons que le P. Labbe, dans l'édition qu'il a publiée de la chronique de Vigeois, a omis un mot (le mot *dicam*), qui se trouve dans les deux manuscrits et qu'il faut rétablir dans le texte; puis nous avons à choisir entre deux leçons différentes que renferment les deux manuscrits de la Bibliothèque nationale. Dans l'un de ces manuscrits (13895), on lit ces paroles : *Materna, ut ita dicam, dixerim lingua ritius vulgari, ut populus pleniter intelligeret*, c'est-à-dire : *Béchade écrivit les hauts faits de ces batailles « dans sa langue maternelle, pour ainsi parler, — je dirai avec plus de précision en langue vulgaire, — afin que le peuple le comprît parfaitement »*. La phrase ainsi conçue est très claire, et le sens en est fort raisonnable. Dans l'autre manuscrit (13894), le mot *ritius* est remplacé par le mot *ritmo*, qui a été adopté par le P. Labbe; mais alors la phrase manque de correction et de clarté : *Materna, ut ita dicam, dixerim lingua ritmo vulgari, ut populus pleniter intelligeret*, c'est-à-dire : *Il écrivit les hauts faits de ces batailles « dans sa langue maternelle, pour ainsi dire, dans la langue en rhythme vulgaire, afin d'être parfaitement compris du peuple »*. Dans cette dernière leçon, la phrase n'est plus correcte : les mots *lingua* et *ritmo* ne sont liés par rien; on ne sait auquel des deux se rapporte l'adjectif *vulgari*; puis, entre les mots *lingua* et *vulgari*, le mot *ritmo* est tout à fait un hors-d'œuvre; d'ailleurs la répétition des mots *dicam, dixerim*, exige *ritius* plutôt que *ritmo*; enfin la phrase ainsi conçue renferme un non-sens, car, si la langue vulgaire est un moyen plus facile de se faire parfaitement comprendre du peuple, il n'en est pas ainsi du *rhythme* ou de la poésie, qui suppose une plus grande élévation de pensées. Donc il faut rejeter le mot *ritmo*, et adopter la leçon *ritius* du ms. 13895.

Un académicien du siècle dernier, M. de Foncemagne, avait déjà signalé cette variante de ce manuscrit, qui appartenait alors à l'abbaye de Saint-Germain-des-Prés, et il expliquait ainsi ce texte : « L'écrivain, limousin d'origine, n'aura pas voulu restreindre à sa patrie l'usage de la langue que Béchade avait employée, et aura expliqué *materna* par *vulgari;* ou plutôt il aura voulu donner à entendre que non-seulement Béchade avait écrit dans sa langue maternelle, mais qu'il s'était servi du patois le plus populaire. En ce cas, le mot *rithmo* disparaît : le sens sera que Béchade écrivit en romance, et Geoffroy n'aura pas énoncé si l'ouvrage était en prose ou en vers (1) ».

Entre les deux leçons différentes des deux manuscrits de la Bibliothèque nationale, notre choix ne saurait être douteux : nous n'hésitons pas à rejeter la leçon où se trouve le mot *ritmo*, qui a été adopté par le P. Labbe; nous pensons qu'il faut lire de la sorte : *Materna ut ita dicam, dixerim lingua ritius vulgari, ut populus pleniter intelligeret*. Mais, comme le mot *ritmo* est le seul fondement sur lequel repose le poème de la Croisade, si ce mot est rejeté comme incorrect, que devient l'épopée du précurseur du Tasse et du plus ancien troubadour limousin? N'est-ce pas le cas de répéter le vers du vieux poète : *Mais où sont les neiges d'antan ?*

M. de Foncemagne a fait une autre observation sur ce texte de Geoffroy de Vigeois : « Ce qu'il trouve de plus remarquable dans ce passage, disent les Bénédictins de l'*Histoire Littéraire*, et ce qu'il soupçonne avoir échappé aux savants qui l'ont cité, c'est qu'il faut le diviser. En le divisant, on voit que Béchade donna deux éditions de son ouvrage. Il le composa d'abord pour le peuple, en langue populaire, en roman, *materna lingua, ut populus intelligeret*. Ce premier ouvrage fut fait sans doute à la hâte, et publié au retour de la croisade, dans le temps où les esprits étaient pleins du succès de cette entreprise. Dans la suite, il songea à le rendre plus utile et plus agréable, en recueillant des faits vrais et intéressants; il employa douze années à ce travail : *Et, ut vera et faceta verba proferret, duodecim annorum spatio supra hoc opus operam dedit*. Béchade jugea que des matériaux amassés avec tant de soin méritaient d'être mis en œuvre dans une forme plus noble, *ne vilesceret propter verbum vulgare*. Et, comme il était lettré, *aliquantulum litteris imbutus*, il entreprit, par le conseil d'Eustorge, d'écrire, probablement en latin, ou du moins

---

(1) *Histoire littéraire de la France*, T. XI, p. XXXIV.

en prose romance plus correcte : *Non sine precepto Eustorgii... hoc opus agressus est.*

» La distinction de ces deux ouvrages nous est indiquée par la particule adversative *vero ne vero vilesceret* et par la circonstance des ordres d'Eustorge, qui ne tombent point sur la première composition de Béchade. Sans cette distinction, le texte de Geoffroy n'est pas intelligible. Est-il vraisemblable qu'il ait voulu désigner un seul et même ouvrage par des caractères qui se contrarient : *Materna lingua, ut ita dicam, rithmo vulgari, hoc opus composuit; — Ne vero vilesceret propter verbum vulgare, hoc opus agressus est?* L'ordre même dans lequel se trouvent les deux termes, *composuit* et *agressus est*, justifie la conjecture.

» Dans cette supposition, Béchade écrivit d'abord en roman, soit en prose, soit en vers, une relation de la croisade à l'usage du peuple; et, douze ans après, il publia une histoire complète, soit en latin, soit en prose romance plus châtiée (1). »

Cette dernière observation de M. de Foncemagne nous paraît avoir moins de portée que la première. Tous les écrivains, avant lui, n'ont vu dans le texte de Geoffroy que la mention d'un seul et même ouvrage, écrit en langue vulgaire, auquel l'auteur travailla pendant douze ans. Il est vrai qu'un membre de phrase de ce texte prête à l'amphibologie; c'est celui-ci : *Ne vero vilesceret propter verbum vulgare.* Nous l'avons traduit de la sorte : « Et, comme il craignait que son livre ne fût pas apprécié, parce qu'il l'écrivait en langue vulgaire, il ne l'entreprit que sur l'ordre de l'évêque Eustorge ». M. Bosvieux l'a traduit en termes différents : « J'ajouterai, pour qu'on ne soit pas tenté de mépriser son œuvre, à cause de la langue vulgaire qui y est employée, qu'il ne l'avait entreprise que d'après le conseil et l'ordre de l'évêque Eustorge ». M. de Foncemagne a traduit cette phrase de la sorte : « Et, de peur que son livre ne fût méprisé, parce qu'il était écrit en langue vulgaire, il entreprit cet ouvrage (*c'est-à-dire la refonte de son livre*) sur l'ordre de l'évêque Eustorge ». Il n'y a qu'un inconvénient à cette traduction : c'est que M. de Foncemagne voit ici deux ouvrages différents, tandis que le chroniqueur ne parle que d'un seul et même ouvrage — *hoc opus,* — *hoc opus.*

---

(1) *Histoire littéraire de la France*, T. XI, avertissement, p. xxxv.

Il faut entendre nécessairement cette phrase dans le sens que nous lui avons donné ; il s'agit ici d'un seul et même livre, sur lequel le chroniqueur donne les trois détails suivants : 1e il le composa en langue vulgaire, afin d'être parfaitement compris du peuple ; 2e il travailla à ce grand ouvrage pendant douze ans, afin de l'écrire avec exactitude et élégance ; 3e il craignait toutefois que son livre ne fût pas apprécié, parce qu'il était écrit en langue vulgaire ; mais l'évêque Eustorge l'encouragea dans son dessein, et lui fit un précepte de l'écrire dans cet idiôme. On voit qu'il n'est pas question de deux éditions d'un ouvrage, mais d'un seul et même livre.

Ce récit de la guerre de Jérusalem et des exploits des croisés, que Geoffroy de Vigeois nous dit avoir été composé avec talent *(decenter composuit)* par Gérald Béchade, chevalier, du château de Lastours, frère aîné de Gouffier qui se fit un grand nom sur les remparts de Marrah, ce récit, disons-nous, qui était écrit en langue limousine par un témoin oculaire, serait pour nous un monument infiniment précieux ; et la perte en est très regrettable, autant au point de vue linguistique et littéraire qu'au point de vue historique. Combien de faits, glorieux pour nos chevaliers limousins, que ce livre aurait mis en lumière !

Quant à l'existence de cette épopée du plus ancien de nos troubadours, comme elle ne repose que sur un mot, et un mot mal transcrit, qu'il est difficile d'accorder avec le contexte, nous nous croyons obligé de l'abandonner, en lui appliquant le mot de Bossuet : *Abeat quo libuerit !* Et nous pensons qu'il faudra désormais s'abstenir de porter le poème de la croisade en vers romans à l'actif de nos gloires limousines.

§ 9. — Première Croisade : second départ. — Expédition de Guillaume IX, comte de Poitiers. — Mort de Raynaud, évêque de Périgueux.

Le pape Urbain II était mort moins de quinze jours après la prise de Jérusalem par les croisés (29 juillet 1099). Son successeur, le pape Pascal II, élu le 13 août suivant, s'empressa de réchauffer le zèle en faveur de la croisade, et, l'an 1100, il envoya dans les Gaules les cardinaux Jean et Benoît pour provoquer un nouvel effort de la part des princes et du peuple chrétien. Leur tâche était facile, car les choses mémorables que les chevaliers du Christ avaient faites en Orient avaient eu un grand retentissement en Europe: la renommée de leurs exploits s'était répandue partout, et les survivants de ces batailles héroïques étaient reçus avec enthousiasme par les enfants de l'Eglise, qui se rejouissaient grandement de la délivrance de Jérusalem (1). Le comte de Poitiers, Guillaume IX, ayant appris ces nobles triomphes, fut enflammé d'une ardeur guerrière, et, au mois de novembre 1100, quand les deux légats du pape, les cardinaux Jean et Benoît, vinrent à Limoges tenir une grande assemblée, le duc d'Aquitaine y prit la croix avec un grand nombre de ses vassaux (2).

De Limoges, les deux cardinaux se rendirent à Poitiers, où ils tinrent un concile provincial le 18 novembre 1100, cinq ans, jour pour jour, après le grand concile de Clermont. Laissons la parole à un témoin oculaire, au bienheureux Geoffroy du Châlard : « Après que le pape Urbain, enlevé de cette vie, fut allé recevoir du Seigneur la récompense de ses travaux, il eut pour successeur le pape Paschal, qui, lui-même, vaillant distributeur de la parole divine, et nullement inférieur à son prédécesseur, envoya dans les Gaules le seigneur Jean et son compagnon Benoît, cardinaux de l'Église romaine. Ceux-ci, s'acquittant avec empressement de la mission qui leur était confiée, vinrent à Limoges, et de là se rendirent à Poitiers, après avoir parcouru diverses villes de la Gaule. A Poitiers, ils célébrèrent un concile, dans lequel ils exhortèrent avec insistance le peuple chrétien à venir le plus promptement possible au secours des fidèles qui étaient engagés dans l'expédition de la croisade. J'ai assisté moi-même à ce concile, où le duc des Poitevins, Guillaume, d'autres comtes et prélats, et des foules innombrables de fidèles, réunis de toutes les parties du monde, prirent le signe de la croix du Christ. Tous, abandonnant les tendres gages de leur amour, c'est-à-dire leurs pères, leurs frères et leurs mères, et laissant la douce compagnie de leurs épouses, s'empressaient d'obéir aux préceptes du Seigneur. Dans le même temps, un peu avant la célébration

---

(1) WILHELM. TYR., *Hist.*, lib. X, cap. XII, *Historiens des Croisades*, T. 1, p. 415. — ORDERIC. VITAL., *Patrolog.*, T. CLXXXVIII, col. 748.

(2) « Guillermus, consul Pictavorum, accepit apud Lemovicas crucem, et cum eo multi alii suorum procerum. » (*Chronicon S. Maxentii*. ap. LABBE, T. II, p. 216.)

de ce dernier concile, l'église du Châlard fut consacrée, le jour de la fête de saint Luc l'évangéliste (18 *octobre* 1100), par le seigneur Raynaud, évêque de Périgueux : car, à cette époque, notre siège épiscopal se trouvait vacant (1). Ce dernier concile fut tenu le jour de l'octave de la fête de saint Martin (18 *novembre* 1100), cinq ans après la célébration du susdit concile (*celui de Clermont*, 18 *novembre* 1095) (2). »

Guillaume, comte de Poitiers, après avoir mis ordre à ses affaires, alla se mettre à la tête d'une armée considérable, qui l'attendait dans le Limousin (3). Il partit pour la croisade au mois d'avril 1101 (4). D'après Guillaume de Malmesbury, il était à la tête de nombreux bataillons, qu'on estimait à soixante mille chevaliers, et à un plus grand nombre d'hommes de pied, ce qui ferait environ cent trente mille combattants (5). L'historien du Languedoc nous semble au-dessous de la vérité quand il réduit cette armée à trente mille combattants, sans compter le peuple et un grand nombre de femmes (6) : il s'appuie sur la chronique de Conrad, abbé d'Usperg, qui compte dans l'armée de Guillaume trente mille chevaliers, sans compter le peuple (*præter vulgus, ad XXX millia loricatis*) (7); mais Orderic Vital exagère sans doute quand il dit que le duc d'Aquitaine commandait à trois cent mille hommes (8).

---

(1) « Guillaume d'Uriel, évêque de Limoges, était mort, et son successeur, Pierre Viraut, ne fut élu qu'un mois plus tard, au concile de Poitiers, tenu le 18 novembre 1100. » (*Chronicon S. Maxentii*, ap. LABBE, T. II, p. 216.)

(2) *Vita B. Gaufredi*, ap. *Société des sciences archéolog. de la Creuse*, T. III, p. 91. — Voir *Pièces justificatives*, n° 2.

(3) *Histoire littéraire de la France*, T. XI, p. 40.

(4) *Chronicon S. Maxentii*, ap. LABBE, T. II, p. 216. — BESLY, *Histoire des comtes du Poitou*, p. 112.

(5) « Eo septembri Willelmus, comes Pictavensis, Hierosolymam perrexit, multa secum ducens agmina, ut æstimarentur LX millia militum, et multo piura peditum. » (WILLELM. MALMESBUR., lib. IV, *de Gest. Reg. Angl.*).

(6) DOM VAISSETTE, *Hist. du Languedoc*, T. II, p. 334.

(7) Ap. BESLY, *Histoire des comtes du Poitou*, p. 418.

(8) « Anno itaque Domini Incarnationis 1101. Guillelmus, Pictaviensium dux, ingentem exercitum de Aquitania et Guasconia contraxit, sanctæque peregrinationis iter alacris iniit... Fertur trecenta armatorum millia vexillum ejus secuta fuisse, quando egressus fuerit de finibus Aquitaniæ. » (ORDER. VITAL., *Hist. Eccles.*, pars III, lib. X, cap. XVII, — *Patrolog.*, T. CLXXXVIII, col. 763.)

Il est vrai que, pour ce dernier chiffre, on pourrait tenir compte des chevaliers, hommes de pied et pèlerins qui vinrent se joindre à son armée, tant de l'Italie et en particulier de la Lombardie, que de l'Autriche et de la Bavière. En effet, Guillaume passa le Rhin, et se joignit, en Allemagne, avec Welphe ou Wolph IV, duc de Bavière, et une noble comtesse, nommée Ida, de la Marche d'Autriche, qui avaient aussi pris la croix. Après cette jonction, son armée, d'après Albéric d'Aix, composée d'une grande troupe de cavaliers et d'hommes de pied, s'élevait, en y comprenant les femmes, à plus de cent soixante mille personnes (1). C'est ce dernier chiffre qui nous semble le plus probable.

Après avoir traversé pacifiquement le royaume de Hongrie, le comte de Poitiers entra avec un grand appareil militaire dans le pays des Bulgares (*Alber. Aquens.*). Ses troupes suivaient le même itinéraire que les premiers croisés, commandés par le duc Godefroy; mais elles n'avaient pas la même dévotion (*Willelm. Tyr.*). Arrivé à Constantinople, Guillaume offensa par une réponse insolente l'empereur Alexis, qui, par sa négligence ou peut-être par sa trahison, fit tomber le duc d'Aquitaine dans les embûches de Soliman. Ce puissant adversaire, sachant que les croisés souffraient de la faim et de la soif dans des contrées de l'Asie-Mineure où l'on avait brûlé les moissons et desséché les citernes, et apprenant qu'ils marchaient à l'aventure dans des pays marécageux et sans chemins, alla les attaquer avec trente mille archers. Jamais bataille ne fut plus désastreuse pour les guerriers francs, qui se trouvaient engagés dans d'étroits défilés, où les timides ne pouvaient trouver leur salut dans la fuite, et où les braves, atteints de loin par les flèches ennemies, ne pouvaient, malgré leur courage, échapper à la mort. D'après Guillaume de Malmesbury, plus de cent mille croisés restèrent sur le champ de bataille (2). Guillaume de Tyr ne porte pas à un chiffre si

---

(1) « Cum duce Bawariorum Welphone, et cum comitissa nobili, nomine Ida. de marchia Oisterrich. in ingenti manu equitum et peditum. et feminei sexûs, supra centum et sexaginta millia.» (ALBERIC. AQUENS., *Histor. Hierosol.*, lib. VIII, cap. XXXIV. — *Patrolog..*, T. CLXVI, col. 621.)

(2) « Interfecta igitur plusquam centum millia. » (WILLELM. MALMESBUR., *de Gest. Reg. Angl.*, ap. ALTESERRE, *Rer. Aquitan.*, lib. X, cap. XII.)

élevé les pertes de l'armée chrétienne; il dit toutefois que plus de cinquante mille personnes périrent par le glaive en un seul jour (1). Nous pensons qu'Orderic Vital exagère lorsqu'il avance que, sur les cinq cent mille hommes dont se composait l'armée des princes croisés, quatre cent mille trouvèrent la mort (2).

Albéric d'Aix raconte que l'évêque d'Auvergne et tous ceux de sa suite, voyant l'armée du Christ mise en déroute et décimée par d'impitoyables bourreaux, prirent la fuite vers les montagnes où le fleuve d'Héraclée prend sa source, et qu'un petit nombre seulement échappa au carnage (3).

Un chroniqueur limousin, Geoffroy de Vigeois, a dit, en parlant de cette malheureuse expédition : « Le duc des Aquitains, Guillaume, s'en alla avec un grand nombre d'autres à Jérusalem ; mais il ne procura aucun avantage au nom chrétien, car il était très passionné pour les femmes : c'est pourquoi il fut inconstant dans toutes ses entreprises. Alors son armée fut taillée en pièces par les Sarrasins, qui mirent aussi à mort Raynaud, le vénérable évêque de Périgueux (4). »

Cet immense désastre eut lieu, d'après une chronique poitevine, le 18 octobre 1101 (5).

Guillaume de Poitiers échappa à la fureur des ennemis en se dérobant, à travers les montagnes, dans des chemins inconnus, accompagné d'un seul écuyer. Le duc de Bavière, Welphe, dépouillé de sa cuirasse, trouva aussi son salut dans la fuite. Quant à la comtesse Ida, margrave d'Autriche, on ignore jusqu'à ce jour, dit un historien du temps, si elle a été amenée en captivité, ou écrasée sous les pieds des chevaux. Telle fut la malheureuse issue de l'expédition du duc d'Aquitaine. Le bruit courut, dans le monde catholique, que ce désastre était le fait de la trahison de l'empereur Alexis; mais le manque d'unité dans la direction de l'entreprise, le défaut de discipline dans

---

(1) WILLELM. TYR., lib. X, cap. XIII. — *Historiens des Croisades*, T. I, p. 415.
(2) ORDERIC. VITAL., *Hist. Eccles.*, pars III, lib. X, cap. XVII et XVIII, — *Patrolog.*, T. CLXXXVIII, col 764. 768.
(3) ALBERIC. AQUENS., *Hist. Hierosolym.*, lib. VIII, ap. XXXIX. — *Patrolog.*, T. CLXVI, col. 623.
(4) GAUFRED. VOSIENS., ap. BESLY, *Hist. des comtes du Poitou*, p. 418.
(5) *Chronicon S. Maxentii*, ap. LABBE, T. II, p. 216. — BESLY, *Histoire des comtes du Poitou*, p. 114.

l'armée, suffisent pour l'expliquer. Dans l'expédition des premiers croisés, les jours malheureux avaient été rachetés par des jours de gloire : dans cette seconde expédition on ne compta que des revers. Le duc Guillaume, dans sa fuite, parvint à gagner la ville de Longinach, près de Tursolt, où commandait Bernard, surnommé l'Etranger. Quelques jours après, le prince d'Antioche, Tancrède, averti de son infortune, envoya quelques chevaliers pour l'engager à se rendre auprès de lui. « C'est ainsi, dit Orderic Vital, que ce duc de Poitiers, qui était sorti du Limousin à la tête de trois cent mille hommes, et qui avait fait trembler l'empereur de Constantinople en tenant cette ville assiégée, entra dans Antioche dépouillé de tout, et n'ayant que six compagnons pour escorte (1). » Accueilli par Tancrède avec honneur, il séjourna quelque temps dans cette ville, et de là il se rendit avec les autres princes à Jérusalem, où ils célébrèrent les fêtes de Pâques (6 avril 1102), et où ils virent d'un œil ravi la cérémonie du feu sacré (2).

Guillaume s'embarqua ensuite à Joppé pour retourner en Europe ; et, après une navigation favorable, il rentra vers le mois de juillet dans ses états ; car, d'après un document du 29 octobre 1102, on comptait cette année pour la première de son retour (3).

Prince spirituel et débauché, il se consola de ses désastres en composant des chansons ; et, si nous en croyons Orderic Vital, il chantait lui-même ses joyeuses complaintes devant les rois et les seigneurs, et jusque dans les assemblées chrétiennes...; il surpassait les histrions facétieux par des facéties de tout genre (4).

Ce désastre de la grande armée du duc d'Aquitaine ne devait

---

(1) ORDERIC. VITAL., *Hist. Eccl.*, pars III, lib. X, cap. XVIII : *Patrolog.*, T. CLXXXVIII, col. 769. — ALBERIC. AQUENS., lib. IX, cap. XL : *Patrolog.*, T. CLXVI, col. 623.

(2) WILLELM. MALMESB., lib. IV, *de Gest. Reg. Ang.*, ap. ALTESERRA, *Rer. Aquit.*, lib. X, cap. XII.

(3) BESLY, *Hist. des comtes du Poitou*, p. 422.

(4) « Miserias captivitatis suæ, ut erat jucundus et lepidus..., coram regibus et magnatis atque Christianis cœtibus, multoties retulit rhythmicis versibus, cum facetis modulationibus. » (*Patrolog.*, T. CLXXXVIII, col. 770). « Facetos etiam histriones facetiis superans multiplicibus. » (*Ibid.*, col 763.)

pas arrêter l'élan du peuple chrétien pour la délivrance du Saint-Sépulcre. Moins d'un demi-siècle après (1147), la France et l'Allemagne se levèrent à la voix de saint Bernard. Le roi Louis le Jeune et l'empereur Conrad conduisirent en Orient une expédition qui essuya plus de revers qu'elle ne remporta de victoires. Parmi les chevaliers limousins qui en firent partie, nous citerons Geoffroy de Rancon, chef de l'avant-garde, dont l'imprudence causa la défaite de l'armée française et jeta le roi dans un péril dont il ne sortit que par des prodiges de bravoure. N'oublions pas Guy, vicomte de Limoges, Guy de Lastours, fils de l'illustre Gouffier, et un autre Guy de Lastours, fils de Gérald, son frère aîné, qui trouvèrent en Orient une mort glorieuse (1).

Malgré l'insuccès de cette seconde expédition, le siècle ne devait pas se terminer sans écrire dans l'histoire d'une troisième croisade les hauts faits de Philippe-Auguste et les exploits légendaires de Richard Cœur-de-Lion.

§ 10. — Appendice. — Erreurs du *Gallia Christiana* sur Raynaud, évêque de Périgueux.

Nous avons dit, dans le paragraphe précédent, que, d'après la chronique de Vigeois, Raynaud évêque de Périgueux, avait été tué dans cette funeste journée où l'armée de Guillaume, duc d'Aquitaine, fut taillée en pièces par les Sarrasins. Comme plusieurs erreurs historiques et chronologiques se sont glissées dans l'article que le *Gallia Christiana* (T. II, col. 1461) a consacré à cet évêque, il importe d'autant plus de les signaler que cet ouvrage jouit d'une grande autorité parmi les savants.

I. — Et d'abord Denys de Sainte-Marthe, trompé par une leçon fautive de la chronique de Vigeois publiée par le P. Labbe, a attribué à Radulphe ou Raoul de Périgueux, mort en 1010, le passage de Geoffroy de Vigeois qui se rapporte Raynaud, mort un siècle plus tard. Voici le passage : *Dux Aquitanorum Guillelmus cum multis aliis Hierosolymam perrexit; verumtamen nomini Christiano nihil contulit : erat enim vehemens amator fœminarum, idcirco in operibus suis inconstans extitit. Tunc trucidatus est exercitus*

---

(1) GAUFRED. VOSIENS., ap. LABBE, T. II, p. 282, 306.

ejus a Saracenis, una cum RADULPHO, *venerabili pontifice Petragoricensi* (1) : « Guillaume, duc des Aquitains, s'en alla avec beaucoup d'autres à Jérusalem : mais son expédition ne profita en rien au nom chrétien, car il était très passionné pour les femmes : c'est pourquoi il fut inconstant dans toutes ses œuvres. Alors son armée fut taillée en pièces par les Sarrasins, qui tuèrent en même temps *Radulphe*, vénérable évêque de Périgueux ».

Denys de Sainte-Marthe a eu une très forte distraction en faisant aller à Jérusalem, en 1010, ce corps d'armée des croisés, que commandait Guillaume, duc d'Aquitaine (2) : il savait certainement, d'après cinq ou six historiens, que ce prince ne partit pour l'Orient qu'en 1101. Il est vrai qu'il a été induit en erreur par la leçon fautive de Labbe, qui met *Radulpho* au lieu de *Raynaldo*. Qu'il faille lire *Raynaldo* cela ne fait pas l'ombre d'un doute : on lit *Raynaldo* dans le manuscrit de la Bibliothèque nationale inscrit dans le catalogue sous le numéro 13894 (3); on lit *Raynaldo* dans la citation que fait de ce passage la chronique de Maleu (4); on lit *Raynaldo* dans l'extrait que Besly a donné de ce texte dans son *Histoire des comtes du Poitou* (5) : et d'ailleurs, ne le lirait-on nulle part, l'époque indique clairement qu'il s'agit de Raynaud.

II. — La seconde erreur du *Gallia Christiana* est relative au départ de Raynaud de Périgueux pour la croisade. Denys de Sainte-Marthe le fait partir en 1096 avec Godefroy de Bouillon et les autres chefs de la première expédition. (*Gallia Christ.*, T. II, col. 1461.)

Or ce qui démontre l'inexactitude de cette assertion c'est non-seulement le témoignage de Geoffroy de Vigeois, qui met Raynaud de Périgueux en compagnie de Guillaume, duc d'Aquitaine, parti seulement en 1101, mais plusieurs autres documents qui montrent cet évêque présent dans diverses contrées de l'Aquitaine de l'an 1097 à l'an 1100.

---

(1) GAUFRED. VOSIENS., cap. XXXII, ap. LABBE, T. II, p. 297.
(2) *Gallia Christiana*, T. II, col 1458.
(3) « Cum Rainaldo, venerabili Petrogor[ic]ensi ep[iscop]o. » (Fol. 23, r°.)
(4) *Chronicon Comodoliacense* : Saint-Junien, 1847, p. 43.
(5) *Histoire des comtes du Poitou*, 1647, preuves, p. 418.

Ainsi nous lisons dans les *Annales Bénédictines* de Mabillon que Raynaud de Périgueux assista en 1098, le 5 octobre, au concile de Bordeaux (1); et Denys de Sainte-Marthe avoue lui-même avoir trouvé dans le Cartulaire de Saint-Jean-d'Angély que Raynaud assista à ce concile avec les abbés de son diocèse, le 3 des nones d'octobre de la susdite année. (T. II. col. 1461.)

De plus, on lit dans le Cartulaire d'Userche que la seconde année de la mort de l'abbé Gérald, c'est-à-dire en 1097 ou 1098, Raynaud de Périgueux consacra l'église de ce monastère avec Guillaume, évêque de Limoges (2). Geoffroy de Vigeois place cette consécration le xi des calendes de février (22 janvier) de l'an 1097 (3), et il appelle l'évêque de Périgueux *Arnaud* au lieu de Raynaud. Denys de Sainte-Marthe fixe cette consécration à l'année 1099, d'après le Cartulaire d'Userche, et il reconnaît par là que Raynaud n'était pas parti à cette époque pour la croisade. (*Gall. Christ.*, II, 1461.)

Après ces divers témoignages, et d'autres que nous allons citer, comment soutenir que Raynaud de Périgueux est parti pour l'Orient, en 1096, avec les chefs de la première expédition ?

III. — La troisième erreur du *Gallia Christiana* consiste dans la date que Denys de Sainte-Marthe assigne à la mort de Raynaud de Périgueux, qu'il place au viii des ides de septembre (6 septembre) 1099. Il est vrai qu'il a puisé cette date dans un document périgourdin de la fin du xiie siècle, publié par le P. Labbe sous ce titre : *Fragmentum de Petragoricensibus episcopis, seu Epitome gestorum quorumdam Ecclesiæ Petragoricensis præsulum.* (LABBE, II, 737.)

On y lit que l'évêque Raynaud « mourut l'an du Seigneur mil quatre-vingt-dix-neuf, le viii des ides de septembre, à Saint-Georges de Rama ». Et ce document ajoute : « Ce prélat assista au siège d'Antioche, et un jour, pendant qu'il célébrait les saints mystères, il fut décapité sur l'autel par les Sarrasins (4) ».

---

(1) MABILLON, *Annal. Bened.*, lib. LXIX, n° XCV, edit. Lucæ, T. V, p. 373.

(2) Ap. BALUZE, *Historia Tutel.*, col. 841.

(3) Ap. LABBE, T. II, p. 295.

(4) « Obiit autem anno Domini millesimo nonagesimo nono, octavo idus septembris, apud S. Georgium de Rama. Hic episcopus obsidioni

Nous nous étonnons que Denys de Sainte-Marthe n'ait pas remarqué la contradiction qui existe, au point de vue chronologique, entre les deux phrases de ce document, ou plutôt de cette légende ; en effet, le siège d'Antioche commença le 21 octobre 1097, et cette ville fut prise le 3 juin 1098 : — si Raynaud de Périgueux a été décapité pendant le siège d'Antioche, comment a-t-il pu mourir une seconde fois l'année suivante, le 6 septembre 1099, à Saint-Georges de Rama ? — C'est donc une troisième et double erreur du *Gallia Christiana* d'avoir placé le siège d'Antioche à l'année 1099, et d'avoir fait mourir Raynaud de Périgueux le 6 septembre de cette année, deux mois après que les croisés s'étaient rendus maîtres de Jérusalem.

Or ce qui démontre que Raynaud de Périgueux n'a pas assisté au siège d'Antioche en 1098 et qu'il n'est pas mort à Saint-Georges de Rama en 1099, c'est que l'année suivante, en Limousin, il consacrait l'église du Châlard, le 18 octobre 1100, et trois jours après, le 21 octobre, l'église de Saint-Junien.

Nous trouvons la preuve de ce que nous avançons dans un document, d'une réelle importance, récemment publié par notre regretté collègue M. Auguste Bosvieux, à savoir la Vie du bienheureux Geoffroy du Châlard.

Une note écrite par le bienheureux Geoffroy lui-même, et insérée dans sa Vie par son biographe, dit que, après la mort du pape Urbain II, son successeur, le pape Paschal, envoya dans les Gaules les cardinaux Jean et Benoît, qui vinrent à Limoges et de là à Poitiers, où ils tinrent un concile, le 18 novembre 1100, pour exhorter les peuples à venir en aide aux croisés. Peu de temps avant ce concile, c'est-à-dire le jour de la fête de saint Luc (18 octobre 1100), l'église du Châlard fut consacrée par le seigneur Raynaud, évêque de Périgueux ; car à cette époque le siège de Limoges n'avait pas d'évêque (1).

En effet, Pierre Viroald, doyen de Bordeaux, ne fut élu évêque de Limoges qu'au concile de Poitiers, en novembre 1100 (2).

Antochiæ interfuit, sed dum die quadam divina celebraret, a Saracenis super altare decollatus est. » (Ap. LABBE, T. II. p. 738.)

(1) *Vita B. Gaufridi,* ap. *Société des sciences archéol. de la Creuse,* T. III, p. 92. — *Pièces justificatives,* n° 2.

(2) *Chronicon S. Maxentii,* ap. LABBE, T. II, p. 216.

Ce nouveau document, ajouté aux textes qui précèdent, montre jusqu'à l'évidence que Raynaud de Périgueux n'est pas parti pour la croisade en 1096, qu'il n'a pas été décapité pendant le siège d'Antioche en 1098, qu'il n'est pas mort en 1099 à Saint-Georges de Rama. Il est toutefois hors de doute que cet évêque fut tué dans l'expédition de Jérusalem : la mort qu'il reçut de la main des infidèles fut considérée par ses contemporains comme une sorte de martyre ; et en effet l'auteur de la Vie du bienheureux Geoffroy dit en parlant de lui « qu'il mérita d'obtenir la palme du martyre dans le pèlerinage de Jérusalem » (1) ; et dans l'inscription gravée à l'intérieur du tombeau de saint Junien on lit ces mots : « Raynaud, évêque de Périgueux, qui mérita d'être martyr (2) ».

Il reste donc à conclure que Raynaud de Périgueux est parti pour la croisade avec Guillaume, duc d'Aquitaine, comme le dit Geoffroy de Vigeois, c'est-à-dire au mois d'avril 1101, et qu'il fut tué dans cette malheureuse journée où l'armée du comte de Poitiers fut taillée en pièces (3). Besly, s'appuyant sur la chronique de Saint-Maixent, fixe le jour de cette sanglante bataille au 18 octobre 1101 (4).

Nous ne nous arrêterons pas à réfuter un autre document périgourdin que Maleu cite dans sa chronique, et d'après lequel « saint Raynaud, évêque de Périgueux, fut décapité dans les pays d'outre-mer par les Sarrasins, et inhumé dans l'église de Saint-Georges de Rama, l'an 1110 (5) ».

---

(1) « Qui et in Jherosolimitano itinere martirii palmam adipisci promeruit. » (*Vita B. Gaufridi*, ap. *Société des Sciences archéolog. de la Creuse*, T. III, p. 81.)

(2) « Rainaudus vero, Petragoricens[is] ep[iscopu]s, qui meruit martir fieri. » (Voir notre *Notice sur le tombeau de saint Junien*, 1847, p. 11.)

(3) « Tunc trucidatus est exercitus ejus a Sarracenis, una cum Raynaldo, venerando Petragoricensi episcopo. » (Ap. MALEU, *Chronicon Comodoliacense*, 1847, p. 43.)

(4) *Chronicon S. Maxentii*, ap. LABBE, T. II, p. 216. — BESLY, *Histoire des comtes du Poitou*, p. 112.

(5) « In libris etiam Ecclesiæ Petragoricensis habetur, quod S. Raynaldus, Petragoricensis episcopus, fuit ultra mare decapitatus per Sarracenos, et sepultus ibidem in ecclesia S. Georgii de Ramas, anno Domini MCX. » (Ap. MALEU, *Chronicon Comodoliac.*, p. 43.)

Ce qui prouve la fausseté de cette date c'est que, d'après des chartes de l'année 1104 et de l'année 1105, publiées par Baluze, Guillaume d'Auberoche, successeur de Raynaud, était déjà évêque de Périgueux (1). Quant à cette circonstance de la sépulture de Raynaud dans l'église de Saint-Georges de Rama, il faudrait supposer, pour que cette circonstance fût vraie, que l'évêque de Périgueux se fût échappé (comme Albéric d'Aix le raconte de l'évêque d'Auvergne) du champ de bataille où l'armée du comte de Poitiers fut taillée en pièces; il faudrait supposer de plus que Raynaud fut égorgé l'année suivante (1102) à Saint-Georges de Rama, lorsque les Sarrasins incendièrent cette église en massacrant les chrétiens qui s'y étaient réfugiés. Mais la date de ce massacre ne concorde pas avec la date que l'*Epitome* assigne à la mort de Raynaud (6 septembre); de telle sorte que nous devons adopter, comme plus probable, la version de Geoffroy de Vigeois. Il faut donc corriger les erreurs du *Gallia Christiana* et des documents périgourdins en fixant la mort de l'évêque Raynaud à l'année 1101; il faut aussi assigner à la consécration de l'église de Saint-Junien non pas la date du 21 octobre 1102, comme l'a fait Maleu (2), mais celle du 21 octobre 1100, trois jours après la consécration de l'église du Châlard.

IV. — Signalons, en terminant, une quatrième erreur du *Gallia Christiana*. Denys de Sainte-Marthe donne pour successeur à Raynaud de Thiviers un évêque qu'il appelle Raimond II, et qui toutefois ne se trouve dans aucun ancien catalogue, pas même dans celui du xiie siècle, auquel il emprunte la date fautive de la mort de Raynaud.

Un des documents sur lesquels il s'appuie pour insérer dans le catalogue cet évêque Raimond II est une charte de l'an 1101, dans laquelle Adémar de Saint-Ribier, abbé de Terrasson, soumet sa personne et son monastère à l'abbé de Saint-Martial, avec le consentement de R..., évêque de Périgueux, et de R[aymond], vicomte de Turenne. (*Gallia Christ.*, T. II, col. 1462.)

Comme Denys de Sainte-Marthe supposait, bien à tort, que Raynaud de Périgueux était mort en 1099, il concluait que cet

---

(1) *Gallia Christ.*, T. II, col. 1462. — BALUZE, *Hist. Tutel.*, col. 877.
(2) *Chronicon Comodoliac.*, p. 41.

évêque dont le nom commence par la lettre R dans une charte de 1101 était un autre évêque appelé Raimond dont le nom se trouve dans un document sans date certaine.

Cette conclusion s'appuie sur une fausse supposition; et Raynaud de Périgueux, n'étant parti pour la croisade qu'au mois d'avril 1101, a pu parfaitement, avant son départ, donner le consentement exprimé dans cette charte. Evidemment cette lettre R désigne Raynaud; car, en 1101, il n'y avait pas d'autre évêque de Périgueux que Raynaud de Thiviers.

On voit, par les détails qui précèdent, que la critique moderne a encore beaucoup à faire pour rectifier les faits historiques de cette époque du moyen âge.

PIÈCES JUSTIFICATIVES

1

Le pape Urbain II à Limoges

Anno ab Incarnatione Domini nostri Jesu-Christi millesimo XCV, indictione III, temporibus Philippi regis Francorum et Willelmi ducis Aquitanorum, Umbaudi quoque episcopi Lemovicensis, et domni Ademari abbatis monasterii Sancti Martialis, factus est conventus permaximus in hac civitate Lemovicensi, diversi ordinis, utriusque sexûs et etatis. Huic nobili et præcipuo conventui præfuit domnus Urbanus, sancte Romane Ecclesie apostolicus, cum archiepiscopis et episcopis abbatibusque secum comitantibus. Qui eo tempore de partibus Italie in Galliam advenerat pro diversis Ecclesiæ Dei utilitatibus, recteque fidei statu, maximisque negociis Christiane religionis. Præcipua tamen adventûs illius causa extitit quia Ecclesia Christi gensque Christiana in partibus Orientis a perfida Sarracenorum natione pervasa, nimiumque afflicta, sub gravi persecutione manebat. Unde venerabilis Papa per semetipsum Gallias adiit, ut Gallorum gentem, armis bellisque exercitatam, precibus et monitis provocaret, quatinus sanctæ

Dei Ecclesiæ libertatem defenderet, populumque Christianum a jugo nefandæ gentis liberaret, et pro amore karitatis peccatorumque suorum remissione, expeditionem maxima manu confertam, ad Orientis partes moveret, quo nefandam gentem ab hereditate Christi repelleret.

Cum ergo hujus rei gracia Gallias perlustraret, mense decembri, X kal. januarii venit in hac (1) civitate Lemovicensi (*sic*); adfueruntque cum eo præcellentissimi ac religiosissimi viri, archiepiscopi et episcopi quamplurimi, quorum ista sunt nomina : Domnus Hugo, archiepiscopus Lugdunensis; domnus Audebertus, archiepiscopus Bituricensis; domnus Amatus, archiepiscopus Burdegalensis; domnus Dagbertus, archiepiscopus Pisensis; domnus Rangerius, archiepiscopus Risensis (2); Bruno quoque, episcopus Segnensis (3); presul quoque Pictavensis Petrus; presul quoque Santonensis Ranulphus; presul quoque Petragoricens[is] Rainald[us]; presul quoque Rote[ne]nsis Raimund[us]; Humbald[us] episcopus Lemovicensis. Hi omnes cum eo Christi Domini Nativitatem celebraverunt, et ipso die Nativitatis diluculo cum omnibus illis ascendit ad basilicam domni Martialis, et super altare Sancti Salvatoris missam de luce cantavit, et, post sermonem habitum ad populum, coronatus ad sedem Sancti Stephani rediit. Die vero VI° Nativitatis, quæ fuit dominica, iterum ad monasterium Sancti Martialis venit, ibique diebus VIII permanens cum præfatis archiepiscopis et episcopis, basilicam regalem quam dive memorie Ludovicus imperator, filius Caroli Magni imperatoris, a fundamentis construxerat. — sed postea tam conflagratione ignis quam variis casibus conquassatam, et a domno A[demaro], abbate tunc istius loci, interius exteriusque ad plenum reformata[m] et ornata[m], apostolica auctoritate solempniter dedicavit II kalend. januarii; et ipse quidem aquam benedixit; archiepiscopi vero interius exteriusque basilicam cum ipsa aqua aspergente[s] (4) perlustraverunt. Deinde ipse domnus Papa propriis manibus altare Domini Salvatoris aqua benedicta lavit, crismate et oleo sancto perunxit, pignora sanctorum ibi reposuit.

---

(1) LABBE : « *In hanc civitatem Lemovicensem* ».
(2) *Id.* : « *Pisensis (Regiensis)* ».
(3) *Id.* : « *Signiensis* ».
(4) Le mot *aspergentes* est omis dans LABBE.

et mox in ipso altari missam cantavit, innumera populi multitudine adstante, et in perpetuo diem illum solempnem et celebrem dedicationis agi constituit. (*Bibliothèque nationale*, ms. 3784, fol. 132. — BESLY, *Histoire des comtes du Poitou*, p. 409. — LABBE, *Biblioth. nova*, T. II, p. 294.)

II

Fragment historique de B. Geoffroy du Châlard.

Millesimo nonagesimo quinto (1) anno ab Incarnatione Domini, indictione III (2), vir vita venerabilis, Papa Urbanus, Galliarum perlustravit partes, [Philippo imperante genti Francorum, magnumque apud Clarum-Montem celebravit concilium, ubi præcipue inter cætera monuit quatinus Christi Ecclesia quæ Jherosolimis erat et Anthiochiæ et in cæteris urbibus quæ sunt in Asia, ab ejus fidelibus deberet defendi et sustentari: nam atrociter ab Christiani nominis inimicis, ubicumque esset, non solum comprimebatur, sed et funditus dissipabatur, sanctissimumque Christi nomen maximo opprobrio in illis regionibus habebatur. Qua monitione (3) fungendo] pervenit Lemovicas, ibique dedicavit piis consecrationibus beatissimi prothomartiris Christi ecclesiam, necnon et apostoli ejusdem Christi, beati scilicet Martialis monasterium, quem nos, favente Deo, oculis nostris conspeximus, atque in his consecrationibus cum cæteris fidelium turmis interfuimus. Quibus rite peractis, astantes populos satis honeste exhortabatur de Jherosolimitano itinere. Gratias tibi, Christe: nam, te rigante, seminibus ejus latissima seges, non tantum nostris in partibus, cæterum per totum terrarum orbem excrevit. Nec mora ; concurrunt ex omni parte mundi comites ac præsules, omniumque Christianorum plebes, et postremi reges : nam Deus personarum acceptor non est.

Cui, postquam ab hac vita subtracto, remuneravit Dominus sui laboris mercedem, successit papa Paschalis, qui et ipse non segnis ministrator verbi Dei, nec impar antecessoris sui epis-

---

(1) **Ms.** dom Col et Nadaud : *Sexto*.
(2) *Id.* : *Tertia decima*.
(3) Ce qui est entre crochets a été omis dans le ms. de Nadaud.

copi, misit dominum Johannem ac socium ejus Benedictum, cardinales Romanæ Ecclesiæ, in Galliarum partes. Qui, accelerantes implere injunctum sibi officium, Lemovicas venerunt, inde vero Pictavium, peragrantes prius Galliæ urbes; ibique celebrarunt concilium, commonentes quam obnixe populos ut fidelibus qui in expeditione Dei erant, citissime succurrerent. In illo quoque interfui concilio, unde dux Pictavorum, Guillermus, cæterique comites ac præsules, et innumerabiles populorum fidelium greges, omnibus mundi regionibus commoti, signum crucis Christi assumebant; carorum quoque pignorum, patrum videlicet et fratrum atque matrum, uxorumque carissima postponentes consortia, omnes properabant implere dominica præcepta. Eodemque tempore, paulo ante celebrationem illius ultimi concilii, consecrata prior Castaliensis ecclesia, in festo sancti Lucæ evangelistæ, a domino Raynaudo, Petragoricensi episcopo; nam tunc temporis sedes nostra suo proprio carebat episcopo. Facto vero uno lustro a supradicto concilio, celebratum est istud, scilicet alterum concilium, in octavas festivitatis beati Martini. — (Ap. *Vitam B. Gaufridi:* Société des Sciences archéolog. de la Creuse, 1858, T. III, p. 91. — NADAUD, *Mss. du séminaire.*)

III

Extrait de la Vie du B. Geoffroy du Châlard.

Urbanus papa, pius atque disertus, instantissima prædicatione commonens omnes populos ut ad sepulcrum Domini liberandum cum magna devotione properarent, inter alia multa quæ proposito congruebant, hæc dicebat : « Religiosis præcipimus auctoritate apostolica ut ipsi fiant duces exercitus, Moysen et Josue imitantes, qui populum Israël per multa discrimina fidelissime regebant. Hæc est enim religio sancta, civitatem sanctam Jherusalem et sepulcrum Domini a paganorum spurcitia liberare et Christianæ fidei cultoribus restituere. Hæc est via firma salutis in qua multi per martirii palmam ad cælorum regnum pervenient, qui variis adhuc innexi criminibus ab omni bono putantur extranei. Qui tamen ad martirii gloriam non pertinget præmium laboris sui nullatenus amittet; Dominus enim præliatoribus suis nunquam deerit largus remunerator, sciens quid debeat viro forti, habens quoque quod conveniat fortiori, invalidis nihilominus pro posse suo dimicantibus (1) amplissimum conferet donativum. » His assertionibus apostolici præsulis religiosi viri quamplurimi acquiescentes paraverunt iter, tollentes crucis signum, cum ingenti desiderio visendi loca illa sacra transmarina quæ Deus homo factus incoluit.

Inter illos existens beatus Gaufridus, decorum religionis insigne, pari voto cœpit æstuare (2), gestiens cum eis pariter ad sanctam civitatem pergere; quod advertens Golferius, miles egregius, cognominatus de Turribus, qui et ipse apostolica missa sequi proposuerat, virum Domini hujusmodi sermonibus adhortatur : « Audisti, pater sancte, præceptum domini Papæ saluberrimum animæ : perficiamus itaque opus, liberationem sancti sepulcri dominici; suscipiamus onus quod magnanimi expetunt, pusillanimes reformidant. Ego famulus tuus ero, licet indignus, devotus tamen et fidelis in quantum potero: omnia mea et meipsum tibi dedam, sumptum per omnia tibi subministrans,

Consiliisque tuis parere paratus ubique:
Te duce, difficilis via non erit aut labor ullus;
Hoc opus accelera, pater optime, cætera differ.
Me dignare, precor, famulum, me spernere noli.
Tolle moras : non est mora libera *cui bona mens est* (3) ».
His ille auditis : « In me mora non erit, inquit;
Ibo libens quocumque vocas, audebo quod audes (4),
Si Deus annuerit (5), et fratres Castalienses.
Tanto namque viro nullo discrimine deero,
Dux, comes et famulus, pro tempore, reque, locoque. »
Hæc cum dixisset, ad fratres vadit, eisque
Ordine cuncta refert ; dimissis vultibus illi
Ingemuere, simul testantes voce dolorem;
Flent quoque (6) dum tantum metuunt amittere patrem.
Ille quidem solatur eos, animumque paternum (7)

---

(1) *Sic* Nadaud. — Bosvieux : *Dimictantibus*.
(2) *Sic* Nadaud. — Ms. Bosvieux : *exæstuare*.
(3) *Sic* Bosvieux. — Ms. Nadaud : *cui bona inhærent*.
(4) *Sic* ms. Nadaud. — Vers omis par M. Bosvieux.
(5) *Sic* ms. Nadaud et dom Col. — Bosvieux : *annuerint*.
(6) *Sic* Bosvieux. — Ms. Nadaud : *flentque*.
(7) *Sic* Nadaud. — Bosvieux : *animamque paternam*.

Indicat; hortatur precibus scitentur ut omnes (1)
Quid divina velit sententia; teque, Maria
Virgo, Dei genitrix, rogat ut sis auxiliatrix.
Membra quiete levat; nox obscuraverat orbem;
Lumina fessa premit levis sopor, invigilat cor;
Mens intenta Deo non est depressa (2) sopore.
Evigilans animus per somnum mira tuetur.
Christus, qui non vult ut ab hac regione recedat,
Mittit ei vatem qui vera fideliter edat,
Qui soletur eum, bona prædicendo futura,
Et qui possit ab hac mordaci solvere cura.
Cernit personam per somnum religiosam,
Abbatem sanctum, multo splendore decorum;
Incessus, gravitas, habitus, vox, singula pandunt
Cœlitus hunc missum : « Dormis ? ait : accipe verum;
Vir (3) bone, ne dubites; Gaufride, relinque timorem.
Quem colis ipse locum colui, dicebat, et abbas
Ecclesiam rexi cujus vestigia cernis;
Diruit hunc mala gens, vicinaque depopulari
Non timuit : loca perdidimus, periere coloni.

. . . .

Ergo pone metum : noli hunc dimittere cœtum,
Et preme propositum, sed iter postpone cupitum (4). »

---

(1) *Sic* ms. Nadaud. — Ms. dom Col : *eos*. — Bosvieux : *illos*.
(2) *Sic* Nadaud. — Bosvieux : *degressa*.
(3) *Sic* ms. Nadaud. — Ms. dom Col : *ubi*. — Bosvieux : *o bone*.
(4) BOSVIEUX, *Société des Sciences archéol. de la Creuse*, T. III, p. 93-95, d'après un ms. de dom Col : *Biblioth. nationale*. — NADAUD, *Ms. du séminaire*.

Limoges, 25 mars 1891.

www.ingramcontent.com/pod-product-compliance
Lightning Source LLC
LaVergne TN
LVHW051510090426
835512LV00010B/2449